ISHIIYUKARI

12星座

THE LETTER TO
THE 12 SIGNS OF THE ZODIAC

石井ゆかり

すみれ書房

新装版
12星座
THE LETTER TO THE 12 SIGNS OF THE ZODIAC

contents

◎目次

本書は２００７年にＷＡＶＥ出版より発売された『12星座』の新装版です。

「星占い」のこと。

「星占い」のこと。

星占い。

雑誌やテレビなどでおなじみの、とてもポピュラーな占いです。

「星占い」と一口にいっても様々なものがありますが、そのなかでもっとも一般的なのがいわゆる「12星座占い」です。これは、古代バビロニア地方で生まれたとされる体系を源流に、ヨーロッパの長い歴史のなかで発展してきた占い技法、いわゆる「西洋占星術」を土台としています。同じ技術は中国やインドにも伝わり、それぞれ別の体系を持った占星術となりました。時代の移り変わりとともに幾多の研究者が新たな理論を付け加え、実用主義的なものからオカルトチックなものまで、たくさんの分派が生まれ、現代に至ります。

古典時代の占星術の技法と、現代の多くの占星術師が使う技法はかなり違っています。ですが、古代人が考えた天動説の世界観は、今もしっかりした骨組みとして脈々と息づいています。宇宙物理学や天文学がこれだけ発達した現代においてもやはり、ホロスコープは天動説のままなのです。そこは完全な「主観」の世界です。

星は、ロマンティックな存在です。

暗い夜空にキラキラと輝く星を見ると、そこから運命を読み取れるのではないかと考えた古代の天文学者たちの気持ちも、わかるような気がします。

私が星占いをはじめたのは二十歳をいくつか過ぎたあたりです。占いなどまったく興味がなかったのに、ある日ふと書店で手にした「占星術」の本をきっかけに、いつのまにか夢中になっていました。


星占いには、それが「当たる」ということについて、なんの裏付けもありません。

「星占いで未来を正確に予知できる」とは、証明されていません。

一方で、「占いは統計だ」と考える方もあります。

ですが私には、それも正しいとは思えません。よくいって、個々の占い師の「経験則」の範囲を出るものではないと思います。

私の占いを読んで、当たっているとおっしゃる方もありますが、ぴんときません、とおっしゃる方も多くいらっしゃいます。

私自身、星占いを信じているかと聞かれれば、信じていません、とお答えします。

現実に起こる事象との相関関係を証明できない「占い」を、単に昔から存在するというだけで「信じる」のは、理性的であるべき人間として、間違った態度だと思います。

ではなぜ、占いをするのか。

私はこのことについて、まだハッキリした答えが持てないでいます。

占いなどに頼らず、自分の心と頭で現実を懸命に見つめ、体当たりで悩み、そこで答えを出し、行動していくのが、人間のもっとも基本的で正しい生き方です。

なにかがうまくいくかどうかを占ったり、相手の気持ちを占ったりするのは、現実を自分の目で見、未来を身体で受け止めることからの逃避だと思います。

「占いが当たる」ということは証明できないし、占いの存在自体、人間にとって望ましいものではない。これが「占い」です。

ですから、占いは、社会的には「いかがわしいもの」として認知されています。

これは、社会の正しい反応だと思います。

ですが、人間は弱い存在です。

不安や心細さ、恐怖心や罪悪感など、様々な気持ちが現実を見る目を曇らせます。

恋人との別れやリストラ、試験の失敗などは、それが紛う方なき現実であったとしても、その瞬間には「そんなはずはない」と目をそむけたくなるようなできごとです。

さらに、人生では「自分ではどうにもならないこと」というのがあります。天災や大切な人の喪失といった体験は、理性で俄に受け止めることが困難です。

見えない気持ち、見えない未来。

そんな、手の届かない場所にあるものを受け入れるための道具として、人は半信半疑に片目をつぶりながら、占いを使います。

星占いが用いる12星座と10個の星は、「世界」を描くマンダラです。理解しがたいこの世界のカラクリを受容するための、壮大な装置です。少なくとも西洋占星術の世界では、星の言葉で世界のすべてを記述できる、ということになっています。


現代社会には、「すべてのことは科学の力で解明しうる」という前提があります。世界は未知のことと既知のことだけでできています。「もう」わかっていることと、「まだ」わからないこと。この2種類しかないのです。

でも古代の哲学者たちはこのほかにもうひとつのことがある、と考えました。

それは「不可知のこと」です。

人間の理性によって理解しうることと、未だ理解し尽くしていないこと、そしてもうひとつ、人間には決して理解し得ないことがある。この、理解し得ない「暗黒の世界」は、神話によってのみ、象徴的な形で捉えうる、というわけです。

星占いの世界も、そんな神話の世界に属しています。

星占いは、「象徴」の体系です。

たとえば、「ロザリオ」は、十字型をしたキリスト教のお守りです。これは、キリスト受難の十字架を象徴しています。キリスト受難、十字架、ロザリオ。これらのものはすべて、人間にとって同じ「意味」を持っています。ですがその「意味」は、辞書的に語れるものではありません。

キリストが人間の罪を背負って行った聖なる行為、その聖性そのもの、救済、彼が神の子であること、神の存在、それを信じる人々の心、信仰心……そうした要素をすべて、ひとつの世界のように担っているのが「ロザリオ」という「象徴」です。

星占いで使われる言葉は、このような機能を持っています。すなわち、いくつかの意味や性格が「牡羊座」という星座に辞書的に羅列した形で付与されているわけではないのです。「牡羊座」は、ひとつの象徴です。この星座によって象徴される、ひとつの世界の広がり、しくみのようなものがあって、その世界に住むものたちを「牡羊座」という言葉で表現できるということなのです。

私の頭の中にある「象徴の体系」は、まったく未完成ですし、前述の通り、経験則の域を出ません。「これが伝統的正統派の占星術です」などと言う気は毛頭ありません。

占星術を非常に深遠な学問として扱っている研究者も、占星術を信じている愛好家も、たくさんいらっしゃいます。

ですが、私はそういう立場にはありません。私は「占星術師」「星占い師」ではない、と自己認識しています。

私は、「占い」は所詮「占い」でしかない、と考えています。つまり、ひとりの人間が自分の頭と体と心でこの現実世界を体当たりに捉えようとする真摯な態度を前にして、存在してはならない怯懦《きょうだ》な道具だと考えています。

でも、そんな人間の弱さが生み出した道具でも、そのしくみを詳しく深く考えていくと、人間がどのように世界を捉えているのか、どのように世界を理解しようとしているのか、が、うっすらと見えてきます。そこには、古代から現代まで変わることのない人間の世界に対するまなざしが、そのまま埋め込まれているように、私には思えます。このえもいわれぬおもしろさが、私が星占いを続けてきてしまった理由の、最たるものです。

「私は占いなんか信じないほうです」という理性の徒が、たくさんいらっしゃいます。

私に「ご一緒にお仕事をしませんか」と声をかけてくださる出版社やコンテンツプロバイダの担当者さんでも、しばしばそういうふうに切り出されます。私はその方々の態度はまったく正しいと思います。

そうでなければならないのです。現実は自分の目を見開いて一生懸命見るべきで、占いの水晶玉に映そうとするなんて、ナンセンスなのです。それは、本来しなければならないことからの逃避です。

でも、人間はとても弱い生き物です。

迷って迷子になって、立ちすくんで動けなくなったとき、当たるも八卦当たらぬも八卦の半信半疑でのぞいてみる、そのとき、それが当たっていようがいまいが、不思議と動き出す元気が湧いてくる。そういうものが「占い」なのかもしれません。

占いを考え、占いをやっているときに出てくるものは、人間の強さの裏側にある、もうひとつの大切ななにかである気がします。

私はそんなふうに、罪悪感とともに人間的手応えを感じながら、矛盾のなかで日々、占いをしています。自分の仕事を心から信じて、そこに真摯に打ち込んでいる人々に比べ、自分の仕事への態度はなんと卑怯なのだろう、と恥ずかしくなることもあります。

私は、「占いなどなくてもまったく困らない」という生き方、考え方が、絶対に正しいと思います。

そう思いながら、人間のもうひとつの真実である「弱さ」の側で、なんの理性的根拠もない「占い」に携わっています。

星占いのしくみ

星占いのしくみ

多くの方が、「自分は何座か」ということをご存じです。「私は双子座です」というとき、これは、「自分が生まれたとき、太陽が双子座にあった」ということを意味します。

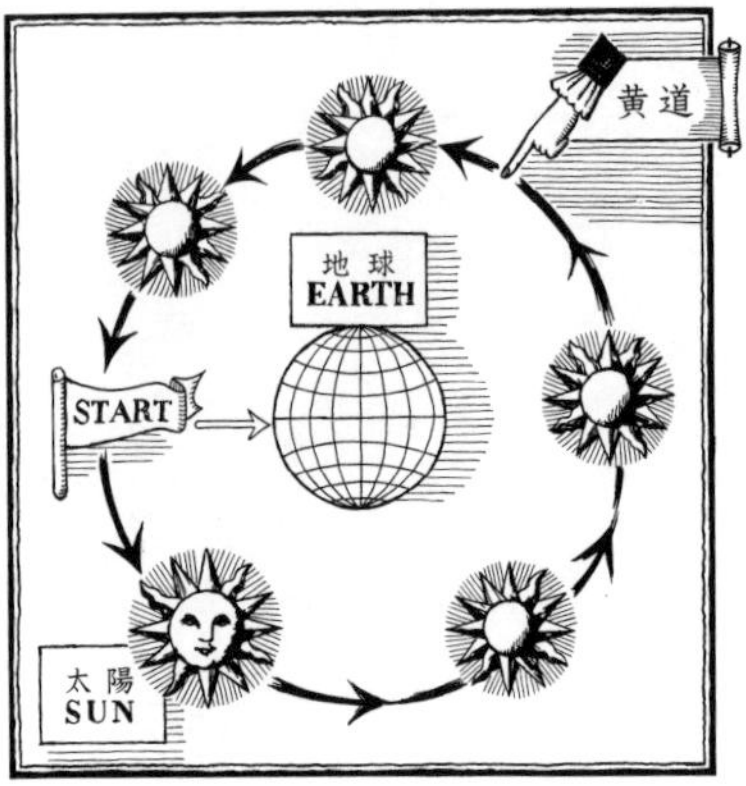

図①

12星座は正式には「黄道12宮」とよばれます。星占いは「天動説」なので、太陽が地球の周りを回っていると考えます。「黄道」とは、太陽が1年をかけてぐるりと回るその軌道です。（図①）

古代の人々はこの360度の「黄道」を、30度ずつ12の場所に区切りました。そして、位置が動かない恒星でできた模様を、それぞれの場所の標識としました。これが12星座です。（図②）

星占いは、時計のような構造をしています。

いつも同じ形をして動かない恒星でできた「12星座」を時計の文字盤として、太陽、月、水星、金星、火星、木星、土星、天王星、海王星、冥王星の10個の天体が、「時計の針」のように動きます。「惑星」はその名の通り、恒星と違って様々な場所を迷い歩きます。たとえば、オリオン座や北斗七星などの形は毎年毎日、いつ見ても変わりませんが、惑星は星座の形などおかまいなし、星座の上を横切って移動していくのです。

この、うろうろと行き来する惑星と、太陽、月を用いて未来を読み取ろうとするのが「星占い」です。

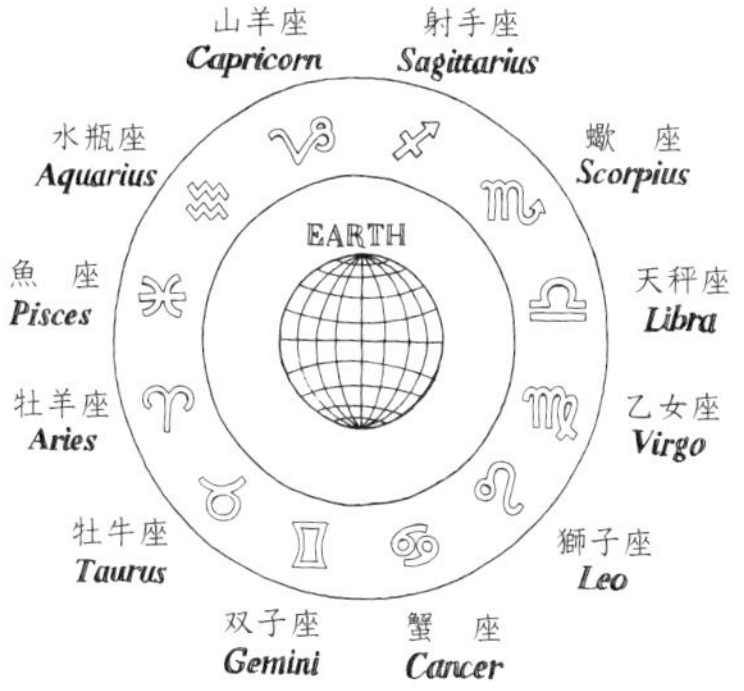

図②

「12星座占い」では、太陽系でもっとも重要な星である太陽の位置を基準に占います。ですが、詳しいホロスコープを読むときは、その人が生まれた瞬間に月や金星、水星他の天体が空のどこにあったかも見ていきます。こうなると、解釈は相当複雑になります。

12星座のスタートラインは、牡羊座の0度です。

この場所は、暦上の印象的なできごとによって決まっています。それは「春分の日」です。ご存じの通り、春分の日には、昼間と夜の長さが等しくなります。このときの太陽の位置を、牡羊座の0度、と決定したわけです。

ちなみに、地球は「歳差運動」という非常に微妙な運動をしています。このわずかな運動のせいで、現在は「牡羊座」の場所に、恒星で構成された「牡羊座」はありません。ですが、星占いができた時代には、そこに牡羊座がちゃんと位置していたはずです。

12星座は、空の「地域」のようなものです。それぞれに土地柄があります。

そこを、時計の針である星々が通るとき、星はそれぞれの土地柄に染まります。郷に入っては郷に従え、とばかりに、それぞれの星座のカラーを体現するようになるわけです。

これが「私は水瓶座です」の正体です。

青森に生まれれば津軽弁に、福岡に生まれれば博多弁になるように、水瓶座にいる太陽は水瓶座的な傾向を、双子座にいる太陽は双子座的な傾向を、それぞれその身に背負うことになるのです。

前述の通り、星占いで用いる「時計の針」としての天体は、月、水星、金星、火星、木星、土星、天王星、海王星、そして冥王星です。

星にはそれぞれ、「機能」が付与されています。

たとえば、月は感情、水星は知性、金星は愛情……といった具合です。

これらの機能が、それぞれ12星座の訛りを背負ってまとまり、全体としてひとつの人生を構成する、と考えます。

星々はすべて、マーキュリー、ヴィーナスなど、神様の名前がついています。人間の人生をひとつのお芝居と見なすとき、そこに出てくる登場人物がすなわち、10人の神様にあたります。

これが、星占いの基本的な考え方です。


「私は双子座です」

とおっしゃる方も、水星は蟹座に、金星は牡牛座にあるかもしれません。

本書の「12星座」は、すべての星に当てはまります。

生まれた瞬間、どの星がどの星座にあったのか、を知るには、特別な暦や計算が必要になります。

現在、インターネットにもたくさんの無料のホロスコープ計算サイトがありますし、計算ソフトも手軽に手に入りますので、一度お試しになってみてください。


それぞれの星の「機能」について、以下にキーワードをまとめてみます。

月……………感情、幼少時代、母親、体質、クセ、妻

太陽…………意志、行動、基本的な活動パターン、父親、夫

水星…………思考、コミュニケーション、言葉、仕事の仕方、学習、情報処理、移動

金星…………恋愛、価値観、好きなもの、得意なこと、金銭（財布の中）

火星…………情熱、攻撃性、性的な傾向、意欲

木星…………成長、社会的価値観、恵まれた分野、財産

土星…………厳しさ、苦手意識、時間をかけて積み重ねること、権威、伝統、不動産

天王星………自立心、改革、ユニークさ、革新、流行

海王星………イマジネーション、薬、ガス、アルコール、芸術、精神、迷い、涙

冥王星………隠された欲望、死と再生

以上は「キーワード」の羅列です。辞書的な「意味」ではありません。

星々のキーワード同士を縦に貫く、星の「世界」が透けて見えると思います。

月には月の扱う世界が、土星には土星の扱う世界があるのです。ですから、星占いが生まれた時代には存在しなかった現代の事物も、これらの星や星座の「管轄下」に分類することが可能なのです。

携帯電話は水星や天王星の支配下におくことができます。ダイナマイトは火星や冥王星、アイスクリームは金星の管轄です。

たとえば、水星が射手座にあれば、「射手座的なものの言い方や勉強の仕方をする」ということになります。オープンで明るく、フランクな話し方でしょうし、語学が得意だったり、旅行に出ることを勉強のきっかけとしたりするかもしれません。初対面の相手に対して人見知りする人は少ないでしょう。とはいえ、このような「具体的なあらわれかた」は、人によって異なります。「射手座に水星があればかならず語学が得意」ということではないのです。ですが、射手座に水星をお持ちの方が本書の射手座の章をお読みになれば、きっとご自身の勉強法や言葉遣いのなかに、射手座的な「しくみ」が組み込まれていることにお気づきになるはずです。

星占いには大まかにいってもうふたつの理論があります。それは「ハウス」と「アスペクト」です。「ハウス」は、その人が生まれた時間の物理的な「空」の状況を描き、それに基づいて「人生のできごと」を読み取ろうとする理論です。その人が生まれた瞬間、その場所における水平線はどこで、太陽は空高く上がっていたのか沈んでいたのか、などを考え、そこから、結婚、財産、子ども、社会的キャリアなど具体的なテーマを読み取ります。

「アスペクト」は、星同士がホロスコープの上で作る中心角のことです。ホロスコープの中心には「地球」が位置しています。地球を中心として、星同士がある特定の角度を形成すると、そこに星同士の連携によって特別の解釈が成り立つ、という理論が「アスペクト」です。

本書では、このふたつの理論は取り上げません。

これだけの情報を総合して「読む」のが星占いです。

単なる12種類の「性格分類」にとどまらないことが、おわかりいただけると思います。

人間は非常に複雑な存在です。個人として複雑であるだけでなく、その人の他者との関係が「人生」を生み出しています。「関わり」とそこから生み出されるもののダイナミックな連関が、その人自身を作り、できごとを作り、また新たな人間を作り出していくことになります。

多くの双子はほぼ同じホロスコープを持っていますが、よく知られているように、性格はかなり違っているようです。その人生もまた、「同じ」ではありません。

似ているけれど、違っている。違っているけれど、似ている。この不思議さは、人間が自分の意志で自分や人生を作り上げていく可能性を示唆しているように、私には思えます。

星座の4分類

12星座についての記事を読むと、「火の星座」「水の星座」などの表現がしばしば出てきます。占星術において、12の星座は4つのグループに分類されます。

火の星座……牡羊座・獅子座・射手座
地の星座……牡牛座・乙女座・山羊座
風の星座……双子座・天秤座・水瓶座
水の星座……蟹座・蠍座・魚座

それぞれ、そのグループの持っている基本的な傾向を示しています。

火は、「直観」です。自他を絶対的に肯定する力を持っています。ひとりでぽーんと外の世界に飛び出していく勢いを担う、生命力そのもののような星座です。

地は、「感覚」です。五感に優れ、物事を深く味わう能力に秀でています。自分の方法論やペース

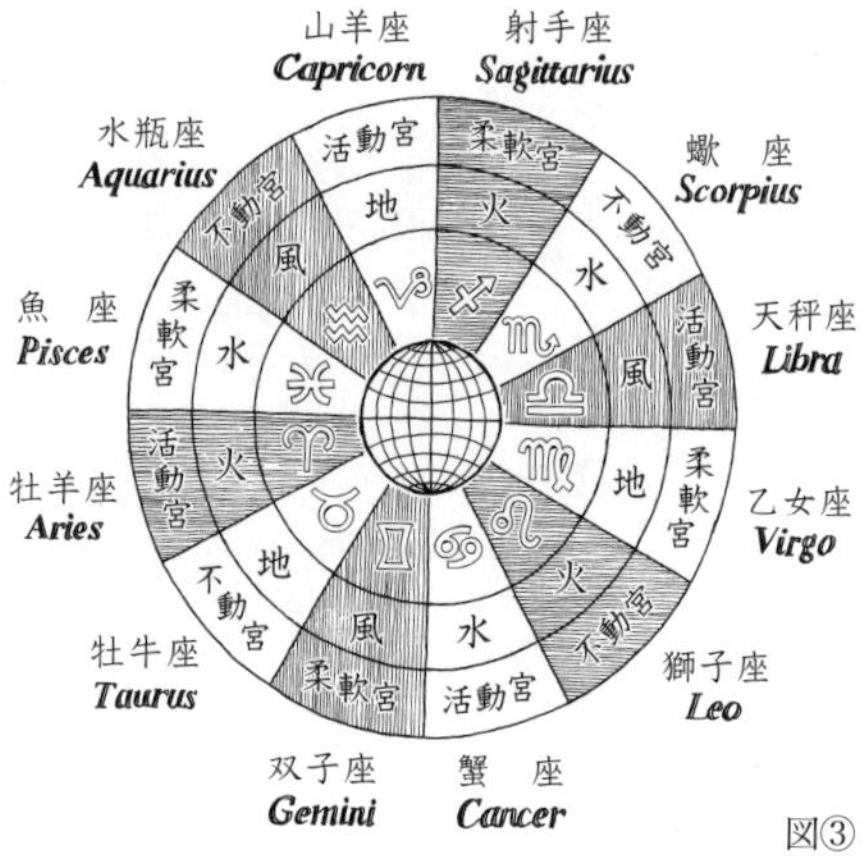

図③

を明快に持っていて、現実感覚と審美眼の両方に恵まれます。

風は、「思考」です。言語や論理を扱うことがうまく、コミュニケーションや交通、ビジネスなど「関係」を扱うことに長けます。客観・公平中立主義です。

水は、「感情」です。喜怒哀楽の波が大きく、人の気持ちに共感的です。清濁を併せて受け止める力を持っています。情に脆く、損得の感覚が薄い星座です。

心理学にある「直観型」「感覚型」「思考型」「感情型」の4分類と、星占いのこの4分類は、大変よく重なります。

火・地・風・水は、それぞれ起・承・転・結に当てはめることもできます。火はスタートの勢いを、地はスタートしたものを「うけとめる」段階を、風は地の段階で実体を持ったもの同士が関わって展開する様子を、水はすべての流れが向かっていく海のような収束を、それぞれ、担っています。（図③）

起承転結は、12星座のひとめぐりで3回繰り返されます。

牡羊座・牡牛座・双子座・蟹座までは「個人の形成」を、獅子座・乙女座・天秤座・蠍座までは「個人対他者」、つまり一対一の人間関係を、射手座・山羊座・水瓶座・魚座までは「個人対社会」を、それぞれイメージすることができます。

最初の起承転結では、子どもが家族の一員として認められるところまで、次の起承転結では、家庭から外に出て他者との関係をつくるところまで、3つめの起承転結では、社会のなかで多くの集団と関わりを持ちながら自分の居場所と生き方を獲得するまで、になぞらえられます。

自分の太陽の属する要素、あるいは、他の星々が多く集まる要素の傾向は、その人の生き方の中心的な価値観を担っています。火の星座の人なら、どんなに恵まれていても「与えられたレールを走る」ような人生では満足できないでしょうし、地の星座の人ならどんなに幸せな人間関係を与えられても物質的な不安がつきまとっていればいつも不幸な気持ちでいるでしょう。変化の少ない固定的、閉鎖的な環境に置かれた風の星座の人は鬱屈してしまうでしょうし、人の気持ちに触れることのできない仕事をしている水の星座の人は、やはり窒息しそうな気持ちになるだろうと思います。

この4分類だけでも、人の傾向を知る上で多くのヒントを得ることができます。

運命と星

「運命は星によって決まっているのですか？」

しばしば、そんな質問を受けます。

私はそうは思いません。

ただ、そこに読み取れる「しくみ」は、あるような気がします。それは運がいいとか金持ちになるとかではなく、それこそ「象徴」によってしか表現され得ないようななにかです。

そんな「象徴によってしか表現され得ないようななにか」をそのままとらえてみよう、と四苦八苦したのが、本書です。

この本で語られるのは、星占いを「現場」で7年ほどやってきた「石井ゆかり」が考える、非常に主観的な12星座の世界です。おそらく、星占い師の数だけ、この「12星座の世界」が存在するのではないでしょうか。12星座を考えることは、人生や世界について考えることです。世界観が人によって千差万別であるならば、世界観の体系である12星座も千差万別であるはずです。

そんな個人的な「12星座」をあえて文章にして発表しようとしたのは、まさに「人によって12星座は違うのだ」ということを表現したかったからかもしれません。

人間はみんな一人ひとり違った存在だ、と、多くの人がいいます。

にもかかわらず、人は他人と自分を比べて、優越感を持とうとしたり、差別意識を持ったりします。

人を能力や財産の数直線上に並べて、強い劣等感や自己肥大に陥る人も少なくありません。

本書の「12星座」をすべて読んでいただいて、まずおわかりいただけるのは、人間はこんなにも違ったありかたができるのだ、ということではないでしょうか。

たった12のイメージ、でも一つひとつを見ていくと、そこにはじつにダイナミックな小宇宙が広がっています。

違っていてアタリマエですし、それでいいのです。

違っているからこそ、意味があります。

さらに、ある性質や欠点は、そのしくみのもとに、成長して長所とも才能ともなります。

欠点や弱さそのものが、なんらかの形でその人の幸せに貢献することさえ、あります。

そんなことを表現してみたくて、私はこの本を書き始めました。

当たっているかはずれているか、あくまで興味本位でお楽しみいただければ幸いです。

本書の構成

本書では、牡羊座から魚座までの12個の星座について、順番にその「しくみ」が書かれています。

12星座は、バラバラに独立した分類、ではありません。星座と星座は鎖環のようにつながっていて、12星座全体でひとつの流れを持つ物語になっています。


しばしば、12星座は牡羊座から魚座までをひとりの人間の一生になぞらえて語られます。

この「なぞらえる」やり方を踏襲して、私はひとつのフェアリーテイル、つまりおとぎ話を考えました。

牡羊座から魚座までで完結する、ちょっとしたお話をまず書いて、そのあとに、そのお話の種明かしをするように、その星座のしくみを書いてみました。

この本を手に取った方はおそらく、普通の星占いの本を読むように、自分の星座や恋人の星座のページを開かれると思います。

ですが、そのはじめに書かれているのは「フェアリーテイル」ですから、牡羊座の方でない限りは、お話の途中から読み始めることになります。

「フェアリーテイル」だけを牡羊座から自分の星座の手前まで読んで、それからご自身の星座の章を読み進めるのもよいでしょうし、「フェアリーテイル」を読み飛ばして「しくみ」だけを読むのもいいと思います。

でも、おそらく、身近な牡羊座の方を思い浮かべながら、最初から読んでいただくのが一番、スムースにお楽しみいただける方法ではないかと思います。

牡 羊 座

Aries

フェアリーテイル
Aries

牡羊座を、お話にたとえるなら、こういう感じです。


「迎えに行くように」。

これが、その人がご主人から命じられたことです。

手渡された地図が示す目的地は、海辺の教会でした。

数日かかる旅をして、その人は教会にたどり着きました。

教会は古い墓地の中にありました。墓地は、花であふれる庭園となっていました。

その人は墓地を抜けて、教会の石段をのぼり、重く厚い木の扉を叩きました。

しかし、いくら叩いても、だれも出てきません。

仕方がないので、だれかが通りかかるのを待つことにしました。石段に座り、美しい庭や、今にも雨の降り出しそうな空、海などを眺めました。眺めているうち、不思議と、イライラした不安な気持ちは静まってゆきました。


しばらくすると、突然、教会の扉が開きました、
そして、目にも留まらぬ勢いで、なにかが飛び出してきました。

あまりのスピードで、それが人なのか、なにか他の生き物なのかさえ、わかりませんでした。

一気に走り去った「なにか」のあとを見送って、その人は、開けっ放しの扉から教会の中に入りました。

そこには、ひとりの老人が立っていました。

その人が、ここに「迎えに来たのだ」ということを話すと、老人は、その人が迎えに来たのは、さっき走り抜けていったものだった、と応えました。

あんな勢いでは、とても追いつけない。その人は途方に暮れました。

すると、老人はその人の気持ちを察して、こう言いました。


驚かせて申し訳なかった、でも、この扉を開けて飛び出して行くには、あのくらいの勢いが必要だったのかもしれない。ここにいる人間はみんなあれが出て行った理由を恥じ、悲しんでいる

が、あれが出て行ったのは正しいことで、みんな納得している。貴方がここに来るとき最後に通った町は、城壁に囲まれていて門は2カ所しかなく、閉ざされていたはずだ。あれはそこに自分で入ることはできないから、あの町の近くでうろうろしているだろう。

この説明に納得して、その人は、もと来た道を引き返しました。


半日がかりでようやく、その町の城壁近くまでたどり着きました。

周りには葡萄畑が広がり、ぽつぽつと民家も見えます。

夕暮れ時、視界がどんどん暗くなっていくなかで、その人は急いで、あの走り去った「なにか」を探しました。ですが、なかなか見つかりません。

やがて、日が落ちて、真っ暗になってしまいました。

その人は、この日のうちに見つけるのをあきらめて、町の中に入ることにしました。

がっかりして、疲れて、不安な気持ちでした。

迎えに行くように、と言われたのに、ひょっとしたら見つからないかもしれない。


町へ入る門のそばまで来ると、そこになにかが立っています。

とはいえ、あたりは真っ暗で、黒い影にしか見えません。

近寄ると、黒い影はその人に話しかけてきました。

ここに入るには、どうすればいいのでしょうか。

旅券を見せればいいのですよ、と応えると、黒い影は身体をすくめるような様子をしました。

旅券、とは、なんでしょうか。

その人は、この黒い影に、どこから来たのか、とたずねました。

黒い影はさらに困ったように身体をすくめて、わからないのです、と言いました。


しかし、少し考えてから、こう言い直しました。

わからないのですが、どうも、ガマンのならない場所にいたような気がするのです。それで、イライラして、怒りにまかせて、そこを飛び出してきたのです。飛び出す前のことはよく覚えていません。ただ、ここに来なけ

ればならないことはわかっていたので、一直線に飛び出してきました。ここに来るまでは夢中でした。ここはいいところですね。

いいところでしょうか、と、その人は聞き返しました。

いいところだと思います、以前いたところよりは、ずっと。

その人は、この黒い影に、興味を持ちました。黒い影は、はじめは不安そうでしたが、話しているうちにだんだんと落ち着いてきたようです。

ここに入れてもらえませんか、入るにはどうしたらいいのでしょう。

黒い影が、そう言いました。

さあ、その人は考え込みました。偽造するわけにもいかないし、この人のもといた場所にもどって、しかるべき筋からきちんと旅券を取得すべきだろう。

旅券というのを、私に見せてください、と、黒い影は言いました。

その人は、自分の旅券を黒い影のほうに差し出しました。
すると、黒い影は旅券をのぞきこんで、それから、こう言いました。

これには、なにも書かれていませんね。

その人は、そんな馬鹿な、と、旅券をのぞき込みました。
たしかに、名前も、所在も、なにも書かれていませんでした！

その人は、自分の旅券を呆然と見つめました。

このたとえ話は、このあと、牡牛座の章に続いてゆきます。
ひとまず、牡羊座の段階はここまでです。

牡羊座のしくみ

たとえ話に出てきた「海辺の教会」は、じつは、「魚座」を表しています。

魚座の世界から、すばらしい勢いで飛び出してくるもの。

それが、牡羊座です。


魚座の世界は、美しい楽園です。

あらゆる境界線が取り払われて、すべてのものがまったく自由に心を交わしています。

美しいものもそうでないものも、必要とされるものもないがしろにされるものも、すべてが平等に、あるべきものとして、その存在を受け入れられています。

ですが、そこには「なにか」が欠けています。


「だれかのために」は、世界中で「よいこと」とされています。

人の気持ちを思いやり、人の身になって考えることは、どんな宗教でも普遍的な「善」です。

ユートピアには、そんな「善人」ばかりが住んでいます。

天国には、善く優しく浄い人々だけが暮らしているといわれます。


ですが、私は、そんな天国やユートピアのイメージに、違和感を感じるのです。

それは、なにか薄気味悪いような不安感です。

閉じこめられてどこにも逃げ場がないような、完全に無視されているような、そんな息苦しさを感じてしまうのです。


なぜ、天国のイメージが、息苦しいのでしょう。

他者を肯定し、他者にすべてを譲る人々には、なにかが欠けているように、私には思えます。

たとえば、もし、なにもかも人に譲り渡し、相手の気持ちを思いやる利他的な心だけが美しいのだとしたら、なぜ人はあんなにスポーツに夢中になるのでしょうか。

スポーツでは、人からボールを奪ったり、人を殴りつけたり、人を出し抜いたりすることが要求されます。その様子を見て、観衆は熱狂したり感動したりします。

道徳的には「悪」であるはずの利己心や暴力が、スポーツのなかでは、肯定されるのです。

トラやライオンなど、肉食獣は、草食動物の命を奪います。

私たちも、動物や植物の命を奪って生きています。

「生きるためには仕方がない」。

そう言い訳をして生きています。

これが「命」の正体です。

他の命をもらって、自分の命を他者に与えること。

生き物の活動のほとんど全部がその行為に当たる、といっても過言ではありません。

悪であるはずのことが肯定されるのは、その目的が絶対的に肯定されているからです。

絶対的に肯定されている目的——それが「生きること」です。

牡羊座は、この「生きることの肯定」を担う星座です。

すべてを包み込み飲み込もうとする死の世界から全力で脱出して、おのれを利己的に生かそうとする、そんな「命」の大前提を担う星座なのです。


たとえ話のなかの「黒い影」が飛び出したのは、自分のためです。

「自分」ということ、それそのものが、生まれ出た！　と言っていいような状態です。

だから、まだ形がよく見えないほどです。

飛び出すためには大変なエネルギーを要しました。スピード、障害物をはねのける力、まっすぐな集中力。

これらは、天国のイメージのなかにないもの、スポーツのなかにあるものです。

すなわち、「自分」が生きるために、外側に対して使われる力、だれもが生まれつきその力を使う権利を約束された力です。

それが、牡羊座の象徴する世界です。

過去との関係

「袋小路に入り込んでしまったり、未解決の問題にぶつかったりしたときには、定石になったような考え方は何の役にも立たないのです。新しいアイディアにたどりつくためには、長時間とてつもない集中力で問題に向わなければならない。その問題以外のことを考えてはいけない。ただそれだけを考えるのです。それから集中を解く。すると、ふっとリラックスした瞬間が訪れます。そのとき潜在意識が働いて、新しい洞察が得られるのです」

（『フェルマーの最終定理』新潮社／サイモン・シン／青木薫訳）

これは、有名な数学の難問「フェルマーの最終定理」を解いた、ワイルズの言葉です。

幾多の数学者がチャレンジしたにもかかわらず、358年にわたって解かれなかった問題を、彼が解き明かしました。

この言葉のなかには、牡羊座の秘密が何層にも、パイのように、隠されています。


まず、「だれも解いたことがない問題を解く」という発想です。

だれも行ったことがない場所、だれもやったことがないこと、まったく新しいこと。

これらのキーワードは、牡羊座を支配しています。

「みんながやってもダメだったのだから、自分にもできるわけがない」という常識的な予測は、牡羊座の世界では、通用しません。


さらに。

一般的に、難しい問題に立ち向かうときは、様々な視点から物事を考えようとします。

ときには休息を交え、バランス良く取り組むほうが効率がよいはずです。

でも、牡羊座の世界では、それは得策ではありません。

「その問題以外のことを考えてはいけない。ただそれだけを考えるのです」

とても直線的で、とぎすまされた方針です。

スピード、そして、まっすぐに進む力。

牡羊座の力は、等速直線運動を前提とした「初速」を与えます。

最初に、「難問を解きたい」という強いドライブフォースをかけて、その力だけで、どこまででも行けるところまで、とにかくまっしぐらにゆくのです。


普通、物事を考えるときは、因果関係や筋道を順々にたどって正解に到達しようとします。ですが、ここで語られている「思考回路」は、そんな「道程」のイメージではありません。かたっぱしから関係のありそうな材料をかき集めて、それを整理もしないで頭の中に放り込みます。一つひとつの材料は直接答えに結びつくわけではない「かけら」ですが、それらを混沌のなかで煮詰めに煮詰めた結果、そこから「潜在意識の働きで」、ぽん！　と新しいアイデアが飛び出してくるのです。まるで、何種類もの材料がゴチャゴチャに煮詰まったお鍋のなかから、流れ星がしゅうっと飛び出してくるようなイメージです。


一流と称されるアスリートたちは、ほとんどが、とても研究熱心です。

対戦相手の過去の試合の映像や記録を事細かに分析し、膨大なデータを頭に入れます。ですが、いざ、勝負の場に出たなら、そこではいちいちデータを頭から引っ張り出しているヒマはありません。反射的に決断し、一瞬で動かなければなりません。

では、頭の中にたたき込んだ膨大なデータは、無意味なのでしょうか。

彼らにとって、情報は、データベース化された「知識」ではなく、ほとんど神経系や筋肉にしみこんでその一部となる「材料」なのです。

彼らの頭の中にある「情報」は、つまり、ごった煮のスープみたいなものなのです。

それを煮詰めきっておけば、いざ、必要なときに、驚くほど正しい決断が、流れ星のように飛び出してくるのです。

これが、「直観」です。

たとえ話の「黒い影」を思い出してください。

黒い影は、自分がもといた場所のことを覚えてはいません。

牡羊座は、過去に理由を求めてしがみついたりしません。

記憶も、思い出も、牡羊座にとっての「今現在」とは、ヒモでつながってはいません。

過去の記憶はすべて、牡羊座の血や肉にかわっています。彼らはそれを引っ張り出してためつすがめつするのではなく、ただ、自分自身の一部として「使う」のです。

神話

牡羊座の神話は、いくつかあります。

そのなかのひとつに、こんな物語があります。


テッサリアの国王にはふたりの子どもがありました。

この兄妹は継母に憎まれました。お祭りのとき、継母は兄妹を神の生け贄にして、体よく始末しようとしました。

これを知った生母の雲の精は、大神ゼウスに助けを乞いました。

ゼウスはこれを聞き入れ、ヘルメスと空を飛ぶ金色の羊をさしむけ、ふたりを助けました。

ですが、兄妹が逃げる途中、妹は羊の背中から誤って落ち、海に沈んでしまいました。金色の羊は嘆く兄を元気づけ、彼を安全な国に送り届けました。


このお話で印象的なのは、妹が海中に落ちてしまうことです。

継母に憎まれた悲しい子ども時代をともに耐えた妹が、海に落ちて死んでしまうなど、その喪失の衝撃は想像を絶します。

おそらく、兄は、妹のあとを追って死ぬことも考えたかもしれません。

ですが、神の使わした金色の羊は、「生きること」を彼に選択させました。

継母に殺されそうになっても、妹が死んでしまっても、逃走中で五里霧中、この先の運命が決して明るいものと思えなくても、それでも、生きることを選択させたのです。

妹の死によって、兄の「生」が浮き彫りになっています。

兄妹は、継母に殺されそうになりました。実母はそれを救おうと、神様の力を乞いました。神様はなんの見返りもなく、兄妹が助かるように力を貸しました。

継母に憎まれるのは辛いことです。殺されそうになるなど、もっと辛いことです。生まれ育った国から逃げ出すことも悲しいことですし、さらに、行く当てもないのは不安です。苦楽をともにした妹を失うなど、耐えられないほどの悲劇です。

こんな幾多の苦痛のなかでも、この物語の主人公は常に「生きること」を選択します。選択させられている、といってもいいかもしれません。

生きるとはなんなのか、などと自問したりはしません。

いえ、あるいは自問したかも知れませんが、結論は「生きること」でした。


生きることは、死ぬこととといつも背中合わせになっています。

生きることは、日々死んでいくことでもあります。どんどん死に近づいているのです。

だれもが、いつ最後の日が来るのかもわからない、あやふやな運命を受け入れて生きています。

辛いときや苦しいときは、なぜ生まれたのだろう、なぜ生きていなくてはならないのだろう、と、だれもが自分に何度も問いかけます。

闘ったり、人を傷つけたりしなければ生きていけないこともあります。

ときには自分自身まで傷つけなければ生きられない場合すらあります。

そんなにまでして生きる意味は、どこにあるのでしょう。


牡羊座の世界は、これを、因果関係も論理もなにもなく、ストレートに肯定します。

生きていることは絶対にそこに「ある」のです。

どうしてそんなことができるのか。

それは、牡羊座の前、魚座の世界に、その秘密があります。

すべての星座は、その直前の世界の物語を背負っています。

牡羊座の前、魚座の世界は、「死の世界」です。

たとえ話のなかの「海辺の教会」は、「死の世界」をイメージしています。

死の世界から、ぽん！　と生まれてくるのが、牡羊座のしくみなのです。

この「死の世界」のことは、魚座の章で、詳しく書きます。

12星座の物語は、ループになっています。

一巡りすると、また同じ円環のはじまりにもどってきますが、それは、螺旋状に進む時間の、すでに新しいステージです。


牡羊座は、「死の世界」がどんなものなのか、熟知しています。

その良いところも、悪いところも、すべて知り尽くしているのです。

知り尽くした上で、あえてどうしても、牡羊座の世界に飛び移らなければならなかったのです。

魚座の世界から飛び出すのには、やむにやまれぬ理由がありました。

なにもかもが差別なく受け入れられる、優しい抱擁の世界。

境界線のない、絶対的に平和でなにもかもゆるされる世界。それが、魚座の世界です。

そこでは、「生命」は、ガマンがならないのです。

「自分」が失われ、他者と自己が混ざってしまいそうに感じられるとき、命は安堵する一方で、窒息しそうになるのです。

あの苦しい世界にもどることは、牡羊座にとってはゆるされないことです。

ですから、牡羊座はスピードを落としません。

古い世界からできるだけ早く遠ざかり、新しい世界にできるだけ早く近づこうとします。前だけを見て、後ろは振り返りません。そうでもしないと、自分を飲み込もうとするあの優しく絶対的な引力から脱出できないのです。


行き先を見失った牡羊座は、自分がだれなのかわからなくなります。

アイデンティティを失い、迷子になってしまいます。

道に迷った瞬間、行き先を見失うと同時に、自分がだれなのかがわからなくなるのです。

弱ったときの牡羊座の不思議な無力感、子どものような無抵抗の状態は、ここに端を発しています。

牡羊座の世界は、こんな様子にできています。

スケッチ

3月21日〜4月20日に生まれた方は、牡羊座に太陽を持っています。いわゆる牡羊座生まれです。境目の日付は年によってずれます。

牡羊座のキャラクターを表す言葉は、当の本人には、うなずいてもらえないことが多いようです。進取の気性に富み外向的で、正義感が強く、単純で、自発的で、大胆で、自分本位。

こういう、激しくて熱い、どこか肩に力の入った言葉が並ぶと、牡羊座の方はたいてい苦笑して、自分はもっとぼーっとした怠け者です、と話されます。

でも、はたから見たら、これらのキーワードはとても当てはまっているように思えます。

この認識のギャップは、おそらく、彼らがそれを「完全にリラックスして」やっている、からなのでしょう。牡羊座の人は、意識してその態度を取っているわけではないのです。

牡羊座の人は、言葉がストレートで、あまり型にはまりません。

自分が満足するまで、しっかり、力を込めて話します。

相手の顔色をうかがいながらおどおど話したり、相手が飽きている様子を見せると途中で話をやめたり、などということはありません。

それは、「自分をどう見せようか」ということを、あまり考えていないからです。

牡羊座の心は、「生きていることそのもの」で、それを頭から肯定しているので、だれかの意図に沿わなければそこにいられない、などとは考えないのです。

他人の意向に沿って自分を変える必要があるとは、思わないのです。

彼らは、自分の行動が他人と比べてどうか、ということも、あまり気にしません。

こういうクリアな「心」は、人の目に素直さや素朴さとして映ります。

勝ち負けが絡まないときの牡羊座のピュアな印象は、無垢、という言葉が思い浮かぶほど、透明感にあふれた魅力を放ちます。

人の美質にはストレートに感動し、不正にはまっすぐな反感を表明します。

だれかとタッグを組むなら、共通の敵に立ち向かう形が一番スムースです。

友人関係も、恋愛も、ケンカしながら仲良くなるタイプが多いようです。

自分の感情を押し殺すようなガマンをしないので、苦痛があるときはそれが顔に出ますし、調子がいいときは完全に突き抜けています。周囲のサポートを得やすいのですが、調子が回復するとあまりにもけろりとするので、サポートした側のキャラクターによっては、怒りを買うこともあるようです。

牡羊座の人がしばしば口にするのが、「自分というものがどういうものなのかわからない」「なにをすればいいかわからない」という言葉です。

情熱的で、意欲的で、リーダーシップにあふれ……というような形容詞で語られる星座の人の言葉としては、とても意外です。

でも、牡羊座のしくみをよく考えてみると、この言葉はとても納得がいくのです。

ふつうは「過去」をひとつの物語としてとらえ、それを今の自分のアイデンティティやルーツとして使います。

ですが、牡羊座には、「過去」が物語としての意味を持っていないのです。

「過去」はあくまで、牡羊座にとって、「今」と切り離されたものでしかありません。

それらは、自分の血や肉にはなっているのですが、因果関係で結ばれてはいないのです。

そんなふうに「過去」の機能が人と違っているために、「自分自身」についての手応えが、ときに、つかめなくなってしまうのです。

最初のたとえ話でも、飛び出すときは勢いがよいのですが、城壁の前では途方に暮れてしまいます。中に入るには、「自分は何者か」を、バックグラウンドを元に語らなければならないからです。

向かう方向がわからなくなるとき、牡羊座の人は、自分が何者かもわからなくなってしまうのです。

牡羊座の「手応え」は、なにかに向かって進んでいるときはじめて、生まれます。

経験を積んで成熟した牡羊座の人は、世界についてとてもゆたかな見識を持っています。ナルシシズムに陥ることなく、クリアなまなざしで外の世界に注目してきたその積み重ねが、確かな世界観を生み出します。その世界観は、抽象的・第三者的なところがなく、常に「自己」としっかり紐付けられているのです。

メッセージ

今貴方が行き先を見失っているなら、どうぞ冷静になってください。

自分がなにをしたいのかわからない、という状態ほど、牡羊座を傷つけるものはないことはよくわかります。

成果が出ない、先行が見えない、スピードが落ちて、景色が変わらない、だれかの気持ちが理解できない。

貴方は「スピードそのもの」の星座に太陽がいるとき、この世に生まれ落ちました。

ここまで長々と述べてきたような「生命力」の輝き、それをあかあかと肯定する強い力が、貴方の本質です。

ですから、その力が向かう方向が失われたとき、その力自体の在処もわからなくなってしまうのは、ムリもないのです。

自分の身体のなかにある炎を、自分の手で触ることはできるでしょうか。

牡羊座の人は、あまり自分で自分の熱量を感じることはないようです。

自分が「熱い人間だ」「勢いのよい人間だ」とは感じない人が多いのです。

単純に、ストレートに、ありのままに生きている。

そういう実感を持っている人が多いのが、牡羊座です。


もし、今貴方が行き先を見失って立ち止まって、自分が何者なのかわからなくなっているなら、それは、朗報なのです。

今、そのスピードが止まってしまっているなら、貴方は、加速する直前の段階にいるということになります。

牡羊座の貴方が、行き先を完全に失ってしまうことはあり得ません。

行き先は常にあります。ただ、それに常時接続していることが難しいだけです。

スピードダウンし、自分がだれだかわからなくなる状態は、牡羊座の人生にはかならず、何度か訪れます。でもそれは、限界でもなければ、恥ずべきことでもありません。

貴方はどこかに向かうこと「そのもの」の星座です。

古い世界を飛び出すこと「そのもの」の星座です。

貴方が立ち止まったとき、「実体」としての自分を見いだせないのは当然のことです。

もうすぐ、なにか、外の世界に、目指す方向がきっと見つかります。

なにも見つからなくても、恐れないでください。

だめなときは立ち止まっていていいのです。貴方は長いこと座っていられる人ではありません。飽きるまで落ち込んだら、休みたいだけ休んだら、貴方は自然にまた立ち上がって走りたくなるしかないのです。


行き先を見失ったとき、人はだれでも、お城を探します。

具体的な、物理的な自分の姿を探します。

ですが、貴方の本質は、物体ではなく、エネルギーそのものなのです。

エネルギーは、灯をともされたときはじめてその正体がわかります。

動いていないときは、灯油も水も同じように見えるものです。

貴方は肩書きやペルソナを備えて安定している存在ではなく、走ること動くこと、それそのもの、の存在なのです。

牡牛座
Taurus

フェアリーテイル
Taurus

牡牛座を、お話にたとえるなら、こういう感じです（お話は牡羊座から続いています）。


なにも書かれていない旅券。

黒い影が、その旅券に触れました。

すると、不思議なことが起こりました。

手が旅券に触れたその瞬間、天と地がぐにゃりとひっくり返り、私の視界がめちゃくちゃにな
ったのです。

気がつくと、私はひとりで城壁に開いた扉の前に立っていました。

私はおそらく、さっきまで「黒い影」でした。でも、今では、迎えに来た人間であることがわ

かっています。

黒い影でもあり、迎えに来た人間でもあります。その両方です。

私は、左手で右手を触ってみました。逆もやってみました。しゃがみ込んで、手で足を触ってみました。「感触」があります。これが「自分」だという感触です。

どうやら、ただの「影」であった私は、迎えに来たあの人の中に入ってしまったのです。


私は主人の命令のことも覚えていますし、飛び出してきた教会のことも覚えています。ただ、そのふたつの記憶は、たがいに打ち消し合っているようで、とてもあやふやで、今にも消えそうです。

もし、今からどちらかの場所にもどれと言われても、どちらにももどれなさそうです。


私は、ふと顔を上げて、扉のほうを眺めました。

扉はぽっかりと開いており、中の明るい光が見えています。

先ほどまでそこにいたはずの門番は、今は、見あたりません。

不用心なことだ、と思いながら、私はするりとその中に入ってしまいました。

なにしろ、寒くて腹も減っていて、とにかく疲れていたのです。

そういえばさっきまでは、疲れも空腹も感じませんでした。

影はなにも感じませんでしたし、影を迎えに来た私も、なにかを感じていたのかもしれませんが、それを意識にとめていなかったようです。影は飛び出すことだけが大事でした。迎えの私は、迎えに行くことが最優先だったので、他のことは考えてはいけなかったのです。少なくとも、自分ではそう思っていました。

今はこんなふうに、まだ影と迎えに来た自分との気持ちを分けて思い出すことができます。でもそれは徐々に、分けることができなくなっていく感じがしました。

私が「私」と呼んでいるものがなんなのか、影なのか、迎えに来た人間なのか。今はもう、そのどちらでもないような気がします。


私は、町をあてもなく歩いていきました。

道は街灯や店から漏れこぼれてくるあかりで照らされ、たくさんの人が行き来していました。商人や旅人といった趣の人が多く、ここはどうやら、街道の要衝であるようです。私はこれらのことをおそらく、知っていたのだと思います。遠い記憶を思い出しながら知人に説明するかのように、私は一つひとつ、自分の五感でこの町の様子を確かめ続けました。

ふと、１枚の看板が目に入りました。首に大きなベルがつけられた雄ヤギの絵が描かれている看板です。どうも見覚えがあります。おそらく、昨夜投宿したのかもしれません。

肉を焼く匂いが漂ってきて、私はそれに引っ張られるように、ごく自然にその宿に入っていきました。

入ったところは酒場になっていて、人々がにぎやかに酒食しています。奥から、亭主が私を見つけて、軽く微笑んで顎をしゃくりました。私は亭主に示された席に腰を下ろしました。

亭主は私に向かって、こう言いました。


やあ、もどってこられてよかったですよ。なにしろ、貴方は大切なものをお忘れになってましたからねえ。今夜はまたお泊まりになりますか。昨日と同じ部屋をご用意できますよ。


私は、「忘れ物」のことはまったく思い出せませんでしたが、にっこり笑って、昨日と同じ部屋をとってもらいました。そして、夕食を頼みました。

わからないことだらけだけれど、とりあえず、食

事をしよう。そして、ゆっくり休もう。疲れ切って、とにかく勝手がわからないことばかりだから、焦っても仕方がない。

しばらくして食事が運ばれてきました。食事は、滋養に満ち、すばらしい味がしました。ひと口ひと口が身体の隅々まで染み渡るようでした。食べるほどに、私は心地よくなり、安心していきました。


食事を終えると、女中さんが部屋まで案内してくれました。

私が部屋に入ると、女中さんは机の上を指さしました。


あれがお忘れ物ですよ。私は字が読めませんけれど、大切なものなんでしょうねえ。


そう言われて手に取ったのは、一冊の手帳でした。

カバーには手垢やシミがつき、古い知人のように、とても親しい感触がしました。おそらく、私はこれに長く接してきたのでしょう。手に取っただけで、深い安心感を覚えました。たしかに、これは私のものでした。

ありがとう、と私は女中さんに言いました。

女中さんが出て行ったあと、私は手帳を開いてみました。


このたとえ話は、このあと、双子座の章に続いてゆきます。

ひとまず、牡牛座の段階はここまでです。

牡牛座のしくみ

冒頭のお話では、妙なことが起こりました。

牡羊座のお話のなかで「影」だったものと、それを迎えに行ったはずの人が、なんと、融合してしまいました。

「融合」というよりはむしろ、「迎えの人」という器のなかに、飛び出すエネルギーそのもののような「影」が、すぽん！　と入り込んでしまったのです。

牡羊座の世界で、混沌とした世界を飛び出した「自己」は、それを受け止める「器」を必要としていました。「実体」がなければ、この世界と関わっていくことができません。

生命力そのものと、それを生かす肉体。これが、町の中に入ることを可能にしてくれます。


牡牛座は「実体」の星座です。

牡羊座の「影」は、牡牛座の「器」の中に、いわば閉じこめられたかたちになります。もうここからは、出られません。

牡牛座は「五感」の星座といってもよいと思います。視覚、味覚、嗅覚、触覚、聴覚。人はこれらの感覚を通して、外の世界と関わっています。肉体というものをひとつの器と考えると、この「五感」は、窓や扉に当たります。これらの窓や扉を通して、外の世界とやりとりをするとき、命は「幸福感」を感じます。

幸せな、満たされた、満足な感覚。

牡牛座の目指すものは、この、どんな生き物も心からそれを得ることを願ってやまない感覚、すなわち、幸福感と満足感です。


五感、実体、肉体。

これらは、生命が世界と関わるための手段です。

この「感覚」は、「生命」そのものの意義とぴったり結びついています。要するに、心地よいとか美しいとか「感じて」いるのは、肉体のほうではなく、生命そのものである、といってもいいでしょう。感じ取られたことは、命によって価値に変換されます。

たとえば、食べものと身体が接触するまでは、そこにはなんの価値もありません。口の中に入れ、舌で味を感じ取った瞬間、そこには「おいしい」「まずい」といった価値が生まれます。五感を介して世界とその人が接触した瞬間に、それがいいものだとか、悪いものだとかいう「価値」が立ち現れるのです。

五感を通して知る「世界」は、いつもとても新鮮です。

キラキラと輝き、ダイレクトに「命」と関わります。感じているのは「命」のほうですから、決してそれは機械的な作用ではありません。

牡牛座の世界では「価値」が生まれます。

それは、ものを取引するとき金銭に換算される「交換価値」ではありません。

牡牛座の世界の「価値」は、あくまで、それを使ったその人の心のなかに生まれる満足感や幸福感、快さとしての「価値」です。この「価値」は、絶対的です。

ある人にとっては価値あるものでも、他の人にとってはそうではない、ということが往々にしてあります。山葵《わさび》をおいしいと感じる人もいれば、食べられない人もいます。モーツァルトを聞いて陶然とする人もいれば、単なる騒音のように感じて苛立つ人もいます。このときの「おいしい」「まずい」「心地よい」「うるさい」などの判定がすなわち、牡牛座の世界の「価値」です。このような「価値」は、比較したり計量したりすることができません。ある人にとっての「おいしさ」と他の人にとっての「おいしさ」は、比較や定量ができないのです。すなわち、絶対的なのです。

使われたときにはじめて現れ、味わわれる生の「価値」。

牡牛座が見つめる世界は、どんな度量衡でも計算できません。

換算したり計量したりできる相対的な価値は、牡牛座の世界では、あまり大きな意味を持たないのです。

牡牛座の世界でもっとも大切にされるのは、冒頭の物語で「影」だったその人がはじめて体験した、あの味覚です。手に取ったときにじわじわと自分の中にしみこんでくるような、自分の五体の延長であるようなあの、手帳の感触と匂いです。

牡牛座は金融業界にも関係の深い星座とされていますが、彼らにとって「金融」は、金貨や金塊のような、美しい輝きの感触によってイメージされているのかもしれません。

「肉体」を持っている限り、他者と溶け合ってしまうことはできません。

自分と相手のあいだに、常に境界線が存在します。

身体という城壁に守られていて、その外側に自由に出て行くことは不可能です。

ただし、その境界線を持つことで、窓と扉が開き、一方では以前よりも確かな融合を、他者とのあいだで実現することが可能になります。

たとえば。

おいしいものを一緒に食べれば、言葉は通じなくても気持ちが通じ合います。

心地よい味覚の体験は、(場合によっては共感されない場合もありますが）他者と共有することができます。

美しい花を手渡したり、おいしいお菓子を作ってあげることで、簡単に相手に好意を伝えることができます。

同じ景色の中に一緒にいるとき、言葉を交わさなくても、心を通わすことができることがあります。

牡牛座の「感性」は、人と人とを融合させる役割を果たします。

そこには善悪や意味の境界線はなく、ただ、「味わい」の共有があるだけです。

命を受け止める器、感覚で関係を包み込む力。

魚座という雄大な「包む」環境から飛び出したものが入っていく先は、やはり、新たな「包み込む世界」だったのです。

快美の感覚

「美しい唇のためには、優しい言葉を話すこと
美しい瞳のためには、人々の良いところを探し出すこと
スリムな体型のためには、貴方の食べものを飢えた人と分かち合うこと
美しい髪のためには、一日に一度、子どもの指で梳いてもらうこと
ぐらつかず歩くためには、自分ひとりで歩いているのではないことを知ること
人間は、物以上に修復され、刷新され、再生され、
再利用され、さらに改善されなければならない。
何人をも決して見捨ててはいけない。
助けてくれる手を必要とするときは、
自分の腕の果てにそれがあることを忘れてはいけない。
成長して、貴方はふたつの手を持っていることに気づくだろう。
自分自身を助ける手と、他人を助ける手と、を」（筆者訳）

これは、サム・レヴェンソンという人の「時の試練を経た人生の知恵」という詩集の中の一節です。

牡牛座の女優、オードリー・ヘプバーンが子どもたちに読んだ詩として有名です。

愛や優しさを歌う詩はたくさんありますが、牡牛座のオードリーが特にこの詩を気に入ったことは、いかにも腑に落ちます。この詩にくりかえし現れる肉体や五感に直結した表現が、彼女をしてこの詩に強い真実性を感じさせたのだろうと思うのです。

唇や瞳、手。人の肉体が、愛や優しさなどの目に見えないものを、実体としてたしかに伝えうることを、この詩は歌っています。

この詩は、牡牛座が担うテーマを反転させて語っている、ともいえます。

そも、花を美しい、と感じるとき、その「美しい」という感覚は、いったいどこからくるのでしょうか。

なぜその花を「美しい」と感じるのか。

その感覚に「クオリア」と名前を付けたとしても、「なぜそう感じるのか」という疑問には決着がつきません。

でも、そんな「なぜ」がわからなくとも、たしかに「美しい」という感じは心にわき上がります。「心に」と私は書きましたが、もしかしたらその「感覚」は、感覚器官から脳に伝えられて脳が「感じて」いるのではなく、身体の隅々、そこかしこで実現されているのかもしれません。

「美しい」という感じがどういうことなのか、は、説明ができません。

苦しさや痛みも同様です。だれかが痛みを訴えるとき、「そんなのは珍しくない痛みで、みんながガマンしている」と批判する人があります。たしかにそうかもしれません。でもそう言われたからといって、痛くなくなるわけではありません。

ありふれた痛みでも、客観的に見れば小さな痛みでも、今その人のなかでは大問題の、絶対的に「大きな」痛みです。

「感覚」は、それ以上の細かいものに分割することができません。

説明できない、というのは、そういうことです。

美しい、という感覚を部分に分けることはできません。

牡牛座は、そんな、完成されたもの、単一のものを担っています。全体としてまとまっていて、そこに絶対的なひとつの価値が生命を得ています。これが牡牛座の世界です。

感覚。

これは、万人に共通のようでいて、そうでもありません。

感覚は、生まれながらに授かっているものですが、同時に、開発される必要があります。たとえば、赤ん坊は味がわかりません。いろいろなものの味を体験して、だんだんと感覚が育ち、おいしいものとマズイものの区別がついていきます。

2000円の皿と100万円の皿、この2枚を見分けられるようになるには、体験や学習が必要になります。美しい絵は美しい。でも、その美しさを感じ取るためには、やはり審美眼という感覚を、経験によって鍛えなければならないのです。

この、感覚を鍛えるということは、とりもなおさず、生命の可能性を拡張する、ということなのだろうと思います。感覚は、「世界」と関わる力です。世界とひとつの生命は、「快いかどうか」「美しいと感じられるかどうか」という感覚で「関わって」います。すなわち、感覚があるおかげで、世界はひとつの命と無関係でなくなるのです。外の世界にあるものが、感覚を通して、「その人」とつながります。

このつながりそのものが、牡牛座の担うテーマです。

牡牛座は、聖書に出てくる聖者ルカのイメージと結びつけられています。

ルカは、聖母マリアの絵をはじめて描いた人、とされています。

マリア像は世界中に無数に存在しますが、その最初の1枚を描いたのがルカだと言われているのです。

慈しみや優しさ、母親の情愛を一身に体現する聖母マリア。

それを「この目で見たい」という欲求が人間にはあります。そして、それを目にしたとき、心に幸福感や納得、安心感などが湧いてきます。

絵は絵でしかありません。

マリアその人ではありません。

さらに、絵は、なにもしてくれるわけではありません。

話もしませんし、抱きしめてもくれません。

ですが、人はそれを描きます。それを見ることを欲します。

愛する人の肖像画を持ったり、今なら写真を持ち歩きます。携帯で撮って待ち受けに設定します。

その画像は、ただの「カタチ」でしかありません。

でも、人はそれを見て、安堵したり楽しくなったりします。

生きている花の美しさを造花のなかに、飛ぶ鳥の優雅さを彫刻のなかに、なんとか写し取ろうとします。その写し取ったものを見て、快さや美しさを心に再現します。

造花は本当の花ではなく、偽物です。

でも、心のなかに生まれる「美しい」という感覚は、いつも「本物」です。
それは、受け取り手の命が生きていて、「本物」だからです。

牡牛座の「世界との関わり」は、インプットのみの一方通行ではありません。
歌を歌い、絵を描く。
身体のなかに入った感覚を、さらに感覚を通して外に出すことができます。
これも、「世界と関わる」ことのひとつです。

夢中になって創作したり表現したりするとき、人は我を忘れます。聞き手を喜ばせたい、見る人を感動させたい、という思いもたしかにあるかもしれませんが、それ以上に、作り手や歌い手は、その行為自体によって、感覚を通してなにかを手に入れています。多くの人がカラオケに行く理由は、聴き手を喜ばせたいとか、だれかの歌を聴きたいとかいう以上に、なによりもその「歌う」という感覚の楽しさを味わいたいからだろうと思います。

さらに、その歌を聴いた人は、歌い手の喜びを直接、五感を通して感じ取ることができます。その人の感触を、自分の感覚器を通して感じることができます。
目で見て、手で触れて、その色彩を味わい、香りを楽しんだとき、その花はその人の人生と関わりを持ちます。感覚されるそれ以前は、その人とその花はなんの関係もなかったのです。

牡牛座は「もの」に関わりの深い星座とされています。

でも、それは物質主義とか物欲のカタマリとかいうことではないのです。

なにかを美しいと感じたり、快いと感じたりするのは、生きていることそのものと直結しています。肉体は命をやしないます。その肉体は、基本的には、快いかどうかで行動を決定します。そして、その快いという感覚が、生きることを保証します。

牡牛座は、命を生かすために、どんどん世界に向かって広げていく力を象徴します。

命というものが、世界のほうに広がることで「生きる」性質を持っている、といえるかもしれません。

牡牛座は「慎重で、動かない」星座といわれます。

でも私にはそうは思えません。

牡牛座は「広げていく」星座です。

一次元に、まっすぐに矢印のように移動するものから見れば、じわじわと面積を広げるという動作は「止まって」見えるかもしれません。

でもそれは静止しているのではないのです。広がるという「動き」がそこにあります。

牡羊座は、矢印のようにぴゅーんと進みます。その動きは直線で、一次元的です。

でも、牡牛座はその感覚によって、世界のほうに自分という存在を広げていきます。それは「面」で、二次元的といえます。

神話

牡牛座の世界は、こんな様子にできています。

エウロパという美しい娘がありました。ゼウスはこれに惹かれ、警戒されないように真っ白な美しい牡牛に姿を変えて、彼女に近づきました。

エウロパは牡牛に近づき、戯れにそれにまたがりました。するとと牡牛はやにわに海に向い、そのままエウロパをさらって海を越えました。そこで、彼女とのあいだに子どもをもうけました。

この、エウロパを奪い去った先の陸地が、ヨーロッパとなりました。エウロパがヨーロッパの語源、とされているのです。

このお話はとても示唆的です。神性を宿した牡牛、美しい女性、陸地。地の星座である牡牛座、女性を象徴する金星が支配する牡牛座、牡牛の姿を借りた神。

牡牛座のモチーフが幾重にも層状に、内蔵されています。

エウロパは真っ白な牡牛に惹きつけられました。

その牡牛の美しさが、彼女を惹きつけた、ということになっています。

彼女は牡牛に化けた神であるゼウスと、子どもを、つまり、新しい命をもうけます。

ここで、お話を動かしているのはただ「美しさ」だけです。

エウロパは美しく、白い牡牛も美しかった、ただそれだけの条件が、彼女をさらわせ、子どもを生みおとします。

「美しさ」とは、いったいなんなのでしょうか。

芸術や音楽は、人の心を強く惹きつけます。

花の美しさ、景色の美しさは、人を深く感動させることがあります。

自然に目を吸い寄せられてしまう対象、多くの人が賞賛を惜しまない美。

そういうものが、この世にはたしかにあります。

多くの宗教は、贅沢さや華美を非難します。物質的な快楽や美にとらわれることを禁じます。美は「善」とは相容れないもの、とされています。

ですが、その一方で、宗教は多くの芸術を生み出しています。

仏教でも、キリスト教でも、イスラム教でも、壮麗な建築物、絵画や音楽など、様々な「美」が、宗教を舞台として創造され、味わわれてきています。

この矛盾を、いったいどう解釈すればいいのでしょうか。

おそらく、人の心の奥底では、「善なるもの」と「美しさ」とが、ひとつのものとして認識されているのかもしれません。

そして、「善なるもの」とは、人の命にとって必要かつ大切なもの、と位置づけられているのかもしれません。

だからこそ、物質的な快楽や美を否定する宗教のもとに、もっとも美しい芸術が生み出されてしまうのではないでしょうか。

牡牛座は、生命を肯定した上で、直接世界と関わろうとします。そのメディアは五感であり、感性です。

感性は世界のほうに向かって命を拡大する力であり、命そのものの衝動に基づいています。ですがそれは、鍛え上げられ、成長させられなければ機能しません。

幼いころは単純な色覚や味覚があるだけですが、それらは経験によって鍛え上げられます。大人になると、もっと複雑な味わいや微妙な色彩を楽しめるようになります。さらには、ソムリエや酒の杜氏のような、非常に敏感に鍛え上げられた五感を基礎とする職業もあります。このように、感性はどんどん発達させていくことができるものなのです。

牡牛座は牛が草をはむように、一見ゆっくりと、でも着実に、それを広げていきます。感性がゆたかになればなるほど、世界はその秘密をゆっくりと明かしてくれます。

牡牛座は世界を深く味わう星座です。

この「味わい」は、その力がとぎすまされるにつれて、思考や感情、直観といった他の人間的機能と密に連動し、次第に、哲学や思想のほうにまで広がっていきます。

スケッチ

4月21日〜5月21日に生まれた方は、牡牛座に太陽を持っています。いわゆる牡牛座生まれです。境目の日付は年によってずれます。

牡牛座の人については一般に、マイペースで慎重、ガンコで食いしんぼう、などということが書かれています。

牡牛座の判断基準は「感覚」に置かれています。そこにはまったくウソがありません。だから、牡牛座の人は基本的に、とても素直です。ただ、自分の感覚を曲げてまで人に合わせることができません。自分は人に合わせるのが上手だ、と自認している牡牛座の人は、誤解しているか、あるいは、ムリしてしまっているところがあるのではないでしょうか。

自分の感覚やリズムについて、牡牛座はとても忠実です。

「自分に自信を持つ」というのは、よく使われるフレーズですが、牡牛座の人は自身の感性とリズムの確かさを「信じる」だけで、周囲への影響力が増します。それは、他人をぐらぐらさせるような影響力ではありません。逆に、ぐらぐらしている人たちがぱっとつかみたくなる安定した支柱や手すりのような印象を持っているのです。

マイペース、といわれる牡牛座ですが、同時に「リズムメーカー」でもあります。独自のペースがベース音のように重厚で、人に安心感を与えるため、周りのほうが牡牛座の人のリズムを無意識にキャッチし、それに合わせます。牡牛座の「マイペース」によって、その「場」の空気が安定した土台を得るわけです。

牡牛座の話は、長くなる傾向があります。食べることと同様、声を出すのが楽しいのです。牡牛座の人は、目的のためだけになにかを耐えるということを、あまりしません。絵を描くなら「描いているプロセスそのもの」、歌うなら「歌っていることそのもの」を楽しみ、それ自体を目的にして行動しているのです。

どんなに大きな結果が出る仕事でも、どんなに見返りが期待できる行動でも、「それをやっている最中」が楽しくないなら、それは牡牛座の人に合っているとはいえません。

牡牛座は、五感の鋭い星座です。五感を使ってこの世を味わってそこから快さを得る、ということが、人生の上で最大の原則となっています。これは、ラクをしたいということではなく、快さを評価し、それを得るための営為を、労力を使ってきちんと行う能力を意味しています。

現代社会では、自分にとってもっとも大事であるはずの「自分」を、おろそかにする人がとても多いようです。牡牛座はそんな人たちに、まっすぐでウソのないメッセージを投げかけることができます。すなわち、手の込んだおいしい料理を丁寧に作って、じっとそばにいて時間をかけて見守ってあげることができるのです。

これはもちろん比喩です。でも牡牛座の人は多かれ少なかれ、そういう行動を選択しています。自分の手で、人に心地よいモノを作り出し、それをだれかに手渡して、喜びを生み出す手助けをする。おいしさや楽しさは口で説明しても他人に伝わるものではありませんが、牡牛座はどういうわけか、そのやり方を生まれながらに知っている人たちなのです。

メッセージ

世の中は目に見えないものであふれています。

デジタル化が進んだ世の中では、情報ですべてが決着するように感じられることもあります。現金取引ではなく、カード決済。株券はなくなり、給料も振り込みです。手で触れるものや目で見えるものがどんどん少なくなり、人との接触も、電話からメールへと変化してきました。

そのような流れのなかで、「自分の身体」を見失っている人がとても多くなっているような気がします。必要以上に身体を酷使したり、食べものではなくサプリメントのような錠剤から栄養を得ようとしたり。なにかがおかしい、と感じている人も多いでしょう。

貴方はそんな「なにかがおかしい」状態になってしまった人を救い出す力を持っています。


でも、そんな貴方でも、貴方の最大の能力から分離させられてしまうことがあります。

だれもが、人の評価を気にします。人の期待に応えたい、と、だれだって思います。

貴方もそう思うと思います。でもそれがあまりに嵩じすぎると、貴方はとたんにバランスを崩します。みんなの気持ちに添うように、と思ったとたん、貴方は貴方の最高の判断基準である「自分の感性」を見失ってしまうのです。


いつも自分勝手でいることが正しい、ということではありません。人の意見を聞くこともたしかに大切です。でも、それは参考に留めるべきです。

だれかの気に入られるように行動するときの貴方ほど、不安定で疲れやすい存在はありません。貴方の身体のなかには、独自の方位磁石が備わっているのです。他人の計測器を見てそれに自分の磁石を合わせようとしても、針はぶるぶる震えるばかりで、いっこうに正しい方角を示してはくれません。

貴方の五感にきちんと組み込まれている価値の基準を、どうぞ大切にしてください。

さらに、その感性は、日々、様々な体験や学習を通して、磨き上げられなければなりません。高度な審美眼や味覚が、鍛え上げられることを必要とするように、貴方の最高の判断基準もまた、貴方の手で磨き上げられることを必要としているのです。

磨き上げられた貴方の才能は、他の人にとっても得難い判断基準と成り得ます。貴方は最終的には、評価し味わう側の人であって、だれかに評価されたり判断されたりする立場の人ではないのです。

双　子　座
Gemini

フェアリーテイル

Gemini

双子座を、お話にたとえるなら、こういう感じです（お話は牡牛座から続いています）。

手帳には、数種類の言葉が書かれていました。外国語の意味をメモしてあるようです。その筆跡は、たしかに「私のもの」であるという気がしました。単語は、「換算」「輸送」「契約」など、どうも、商売に関することのようでした。

ページをめくっていくにしたがって、わずかな記憶がよみがえってきました。暗かった部屋にあかりをともしていくように、だんだんとそれらの言葉の世界が見えてきたのです。

私はある商会の、手代のような仕事をしていたのです。異国の商人との取引が多かったので、仕事をしながら口移しに、それらの言葉を覚えていったのです。さらに文書を作るとき、つづりを確かめるために、これらの言葉をメモしていました。私は自分が、いくつかの国の言葉を話せることに気づきました。

手帳の内容は、私が過ごしていた日常の風景をうっすらと呼び覚ましてくれました。私はその夜遅くまで、自分の筆跡で細かく記された手帳のページをめくり続けました。


でも、そのほかのことは、今もってまったくわかりませんでした。

言葉のことや仕事のことならある程度思い浮かぶのですが、どこに帰ったものやら、どういう名前なのやら、肝心なことはまるでわかりません。

明日以降、私はどこに行ったらよいのか、あいかわらずまったく見当がつかないのでした。


翌朝、階下に降りて、朝食を取りました。

すでに食堂にはたくさんの客がいました。

耳を澄ますと、いろいろな言葉が聞こえてきます。

昨夜のできごとのおかげで、カウンターに腰掛けて周りの話を聞いているだけで、様々なことがわかってきました。

この町は街道の交わるところにあり、たくさんの商人が立ち寄る中継地点になっているのです。月に何度かは市場も立ち、それ以外の取引もさかんに行われていました。人々はここで情報を交換し合い、商売に役立つニュースを探しているようでした。

私の隣に座っていた大柄な男と、その向こうの痩せた老人が、たどたどしく会話を交わしていました。ふたりとも片言で、この土地の言葉を話しています。大柄な男のほうが、次の町への道のりについて、老人にたずねているのですが、老人のほうでその意味がよく聞き取れない様子です。

老人が、「わからんなあ」と別の言葉でつぶやきました。

そこで、とっさに、老人の使った言葉で「この男は貴方の国への道をたずねているのだ」と説明してあげました。

すると、老人はにっこり笑って、「東の門から出る街道をまっすぐに進むと、相当の距離のあとで、川沿いの街道に出る、それを南へ進むとよい」という意味のことを話しました。

私がそのままに、今度は隣の大柄な男に、この土地の言葉で伝えました。

すると男は、「そうか」という意味の言葉を、また別の地方の言葉で話しました。私はその言葉にもわずかに覚えがあったので、方角などの要点だけ、簡単に大男の母国語で並べてやりました。すると、男は満面の笑みを浮かべ、ありがとう、と私の手を握りました。私はしばらく、その老人と男のやりとりを手伝ってやりました。男は、老人の在所であった町に、商売をしに向かっているところだったのです。男はその町に先着している仲間からの便りを取り出して私に見せ、仲間が町のどのあたりで商売をしているのか知りたい、というのでした。私はその文面を読み、老人に質問をし、おおまかなところを男に説明してやることができました。

男はとても喜んで、老人に朝食をおごり、私にコインを数枚、手渡してくれました。

この様子をちらちらと見ていた宿の女将さんが、私に、あんたみたいな人がいてくれると助かるねえ、とつぶやきました。このところ、ああいうお客さんがぐっと増えたのだけど、よく通じないことが多いんだよ。

私はつらつらと考えました。

どこに行ったものかわからないなら、ここにおいてもらったらどうだろう。さっきみたいに役に立つことがあるなら、もしかして、雇ってくれるかもしれない。

私は食事を済ませると、宿の主人の手が空いたのを見計らって、ここの雇い人としておいてもらえないか、と頼んでみました。何カ国かの言葉がわかるし、教えてもらえれば仕事も覚えます。実は、私は、行くところがないのです。

主人は妙な顔をして聞いていましたが、女将さんを

呼ぶと少し相談をし、わずかしかあげられないけれど、衣食と寝床の面倒を見るから、それでいいならここにおこう、ということになりました。女将さんは、この人はいい人だと思うよ、と言いました。正直そうだもの、私はこういう商売が長いから、人にはだまされないんだよ。だいたい、だまそうとしてるなら、もっと上手な話を作るはずだものね。

そんなわけで、私はこの宿の雇い人になりました。

荷運びや御者もさせられましたが、客との面倒なやりとりがあるとすぐに呼ばれます。次第になじみの客が増え、特にここの食堂を選んで商談をする商人が多くなりました。日々の仕事のなかで、私の手帳のわずかな白紙はすぐに埋まり、さらにたくさんの言葉を覚えました。チップのかわりに、珍しい品物をくれる人もありました。人々を通して、私は、外の世界に触れる感触を味わいました。

でも常に、私の心には、不安感が渦巻いていました。

私はいったい、なんなのだろう。この町に来たときのことを、私はだんだん思い出せなくなっていました。どこかから来たはずなのだが、それが思い出せないのです。

ある日、ひとりの商人が宿にやってきました。

その商人は他の商人とここで待ち合わせていて、私を呼び、通訳を頼みました。ビールをやりながらふたりは機嫌良く話をし、商談もまとまりました。

最後に、その商人は私に、一本の首飾りをくれました。美しい白と赤の石をあしらった、手の込んだ金細工の首飾りでした。

商人は、これは価値のあるものだから、売るのでも、きれいな女の子に贈るのでもきっと君の役に立つよ、と笑いました。


私はその首飾りを見たとき、未知の感覚を味わっていました。

それは、辛さとも快さともつかない、奇妙な痛みのようなものでした。

私は商人が出て行ったあと、しばらくその場に座って、じっとしていました。

すると、女将さんがやってきて、どうしたのか、と私にたずねました。


このたとえ話は、このあと、蟹座のお話に続いてゆきます。

ひとまず、双子座の段階はここまでです。

双子座のしくみ

冒頭のお話では、とうとう主人公が話しはじめました。不思議な場所から飛び出し、感覚を得て、そこで「他者」と話をはじめるのです。

この主人公は、とても正直です。とにかく今あるわずかな情報をもとに動いているのですが、相手がもしかしたら誤解するかもしれない、とか、相手にわかってもらえないかもしれない、とか想像することがありません。もちろん、そんな余裕が、今はないのでしょう。

双子座は、「他者」とはじめて出会う世界です。

そこでは、まるで双子のように、「自分に似たもの」を発見します。

自分のなかだけにあると思っていたものが、外の世界にも見つかるのです。

あるいは、まだ知らなかったものを、自分に関係のあるものとして認識するようになります。

双子は、お互いの姿を見ることができます。その姿は、お互いに「自分そっくり」です。

双子座は「コミュニケーション」の星座とされます。

外の世界と出会い、発信し、受信することがテーマになっています。

やりとりのなかでは、はじめて知ることもあるでしょうし、すでに知っていることもたくさんあります。

双子座の「コミュニケーション」は、「他者」を鏡のようにして「自分」を見つけていく、という作業です。

外の世界とのやりとりにしたがって、種から双葉が開き、茎と葉が育って、つぼみが出て花開くように、「自分」が生まれ出てくるのです。

橋

牡羊座で飛び出した生命力が牡牛座で身体と五感という器を得て、「自分」が成り立ったところで、今度は、「他者」と接触することになります。これが双子座です。

主人公が就いた「通訳」という仕事は、双子座をとてもよく象徴する仕事です。

そのままではつながらないふたつの意志を、上手に橋渡しする仕事だからです。

人と人とが出会ったところに発生するもの、それが双子座の管轄するテーマです。

「われわれは、この世界にあって、みんな一人ぽっちなのだ。黄銅の塔内深く閉じこめられ、ただわずかに記号《しるし》によってのみ互いの心を伝えうるにすぎない。しかもそれら記号もまた、なんら共通の価値を持つものでなく、したがって、その意味もおよそ曖昧《あいまい》、不安定をきわめている」

（『月と六ペンス』新潮文庫／サマセット・モーム／中野好夫訳）

サマセット・モームの「月と六ペンス」の一文です。

双子座は、風の星座です。風には実体がありません。空気が動いたとき、それが風になります。風は、星占いでは、知識や言葉、コミュニケーション、交通やビジネスといった、すべての「やりとり」を象徴します。

人と人とが関わる、その「関わり」が風のテーマです。目に見えず、手で触れることもできないもの。コミュニケーションや「関わり」にも、そうした特徴があります。

人の心を直接知ることは、不可能です。人間と人間はどんなに近づいても、相手の頭の中を開けて見ることができません。どんなに大事な人でも、相手の痛みを同じように感じたり、分けてもらったりすることはできないのです。

できることは、ただ、相手の言葉に耳を傾け、こちらからも、言葉を投げかけることだけです。遠隔操作にも似た、このような方法でしか、私たちは他者と「関わる」ことができません。

牡牛座までの世界では、常に「自分」が意識の上にありました。

ですが、双子座の段階でははじめて「他者」が見えてきます。「他者」に向かって話しかけるとき、そこでは同意や否定など、様々なものが返ってきます。

そのこだまを通して、私たちは私たち自身を拡張し、外の世界とのつながりをつけていきます。それは、離ればなれの存在同士のあいだに橋を架けるのに似ています。ふたつの島はくっつくことはありませんが、ひとつの橋を架ければ、その橋という交通手段を通して、行き来することが可能になるのです。

言葉をやりとりして深くうなずきあっても、その言葉がお互いの心にまったく同じ映像を描き出しているかどうかは、確かめる術がありません。

「おいもが」と言ったとき、サツマイモのつもりで話していたら、相手はジャガイモだと思っていた、なんていうこともあるわけです。

ですが、深く語り合い、聞いたことを自分のなかで深め、様々な体験と照らし合わせつなぎ合わせて、お互いのなかにお互いの片割れとおぼしき「似姿」があることを、私たちはなんとかして探り当てようとします。それが双子座の「コミュニケーション」です。

初対面の相手がたまたま同郷であったとき、えもいわれぬ親しみがわいて話がはずむ、ということがあります。共通点は「かけはし」の機能を持っているのです。

そんなふうに、双子座のコミュニケーションは、お互いがわかり合えるものである、という前提に立っています。

風の星座は、双子座、天秤座、水瓶座の3つです。

この3つは、すべて「コミュニケーション」と関係があります。

天秤座のコミュニケーションは「一対一」の対話です。契約や調整など、「他者」とテーブルをはさんで対等に向き合うのが天秤座です。

水瓶座のコミュニケーションは、「ネットワーク」を形成します。たくさんの「他者」のほうに広がりを持っていて、そこで情報を組み立てようとします。

では、双子座の「コミュニケーション」とはなんなのか。

双子座が向き合っているのは、外の世界にいる存在でありながら、外の世界ではないのです。

双子座は、外界と接してそれとやりとりをし、そのなかに「自分」を見いだす星座です。

自分の好きなものを探し出し、自分と関係のあるものを積み上げます。

双子はお互いによく似ていますが、互いに違ったところも持っています。

似た部分は「自分のなかにもある性質」を知らせてくれますし、違った部分は「自分の個性」を浮かび上がらせてくれます。

双子座のコミュニケーションは、そんな構造を持っています。

つまり、外界に働きかけることによって、そのレスポンスから「自分」のアウトラインを作り上げていく作業なのです。

差

一方、お互いの違いを認め合うことも、風の星座の機能です。

人はお互いに似通っていますが、同時に、徹底的に異なっています。

一卵性の双子でも、まったく同じ！　ということはありません。どこかしら違っていて、よく見れば見分けることが可能です。

人間は自分と似た存在を見、それを研究することで、ふたつのことを発見します。

ひとつは自分と似たところ、ひとつは自分と似ていないところです。

似たところを発見するとき、人は自分の性質を客観的に発見できます。

そして、似ていないところを発見するとき、人は、自分があくまでもその相手とは違った「自分」であることを発見できるのです。

理解し合うことは、同時に、違いを認め合うことでもあります。

お互いが違っていることを確認した上でなお、一致している部分を発見したとき、人は感動します。

たとえば、まったく異国の文化に触れたとき、ふと母国と似た特徴を見つけると、深い親しみや興味を感じることがあります。

まったく一切が異なっていた場合、その対象は自分にとって、意味を成しません。

でも、まったく同じである場合も、やっぱり意味がありません。

どこか違っていて、でも、どこか似ている。

そんな、一致している部分と差との両方があってはじめて、「好奇心」の土台ができあがります。

双子座は好奇心を象徴する星座とされますが、その対象には、はじめて見る珍しいものと同時に、自分の中にもある親しみを感じる部分もまた、含まれているのです。

「差」があるところに、風が起こります。

気圧の低いところと高いところの差を埋めようとする動きが「風」です。

双子座は「商売」を管轄とする星座です。

ある土地でたくさんあるありふれたものを、他の土地に持っていくと、とても珍しいものとなります。ここに「商売」が実現します。

商売の場でやりとりされる「価値」は、とても相対的です。恋人のために編むセーターと、商品として製造するセーターではまったく意味合いが違っています。

牡牛座の世界では、あくまで自分で食べるときのおいしさや、自分で見たときの美しさが問題になります。ですが、双子座の世界では、「相手から見たときどう見えるか」ということがテーマなのです。

日本の陶器はヨーロッパで高い評価を得て、一時盛んに輸出されていたそうですが、海外に輸出される陶器の絵柄と、日本で売られる陶器の絵柄は、違っていました。

商売の場では、「お金」が媒体です。

こちらではふんだんにあってありふれたものをだれかに渡したとき、受け取った相手の手もとでその「ありふれたもの」が「貴重なもの」「必要なもの」となります。すなわち、「価値」が生まれるわけです。そして、それと引き替えに、だれにとっても同じ価値を持つ「お金」が渡されます。

「お金」自体は、取引の手段であるという以外には、なんの価値もありません。

お互いの違いを超えて関わる力が双子座の力ですが、それは、なにか壁を乗り越えて相手の世界に踏み込むようなものではなく、あくまで、外の世界にあるものを、自分にとって意味あるものに変換する力、なのです。

双子座の性質について語られるとき、そこではしばしば、「文学的」という言葉が使われます。文学は時代を超えて読み継がれる普遍性を持っていますが、同時に、作家の思想の表現という、とても個人的なメディアでもあります。哲学や科学なら、それは「個人的」ではありません。だれにでも通用する普遍的な内容でなければなりません。ですが「文学」は、作者本人の、あくまで個人的な感性や思考、人生に根ざした個人的なアウトプットです。

そんな「あくまで個人的なもの」が、多くの人に読まれ、時代を超えて受け継がれ、様々に共感されます。

双子座の「双子」、他者の中に発見される、自分の一部。

文学が持っている機能は、まさに双子座的、といえるのです。

神話

双子座の世界は、こんな様子にできています。

双子の名前はカストルとポルックス、ふたりはスパルタの王妃レダの息子です。レダはゼウスと同衾した直後、スパルタ王とベッドを共にしたために、ふたりを同時に授かりました（この話はじつはもっと複雑で、ゼウスからはポルックスと有名なトロイのヘレンを、スパルタ王からはクリュタイメストラとカストルを授かったとされています。つまり、見かけ上は四つ子だったわけです）。

カストルとポルックスは、たいへん仲のよい兄弟として育ちました。

ある日、カストルとポルックスは、別なもう一組の双子と、激しいケンカをしました。そのケンカがもとで、カストルは死に瀕しました。ポルックスは悲しみのあまり、自分も死のうとしました。すると、ポルックスの父であるゼウスは、神の息子であるポルックスが不死であり、もしポルックスが望むなら、カストルにその不死を半分分け与えることができる、と言いました。

ポルックスはその通りにし、以後、双子は1年の半分を神として天で過ごし、残りの半分を地上で過ごしているといわれています。

片方は死すべき存在で、片方は不死の存在。

とても印象的な「双子」です。

たとえば、作家が死んでも、その人の作品は残ります。

人が死んでも、その人と他者の関わりは残ります。心に、その印象が残ります。

果物や野菜は数日経つと食べられなくなりますが、それを買うために使ったお金は、腐りません。

人と物、人と人とが関わるところにはいつも、その人の分身のような「死なないもの」が生まれているのです。

自分を中心として「世界」を見渡すと、まるで世界は「不死」の場所に思えます。自分が生まれる前から世界は存在し、自分が死んだあとも、世界は存在し続けるように見えます。

人は、他者と関わることで、不死のものを生み出します。そして、他者から、その人が死んでしまっても残るものを渡されます。

精神や価値、意味、思考、人と人とが接触したところに生まれるもの。

前述したように、人の頭を開けてみてそのナカミを直接のぞき込むことはできません。

でも、そのような断絶をなんとかして乗り越え、相手と結びつこうとした結果「生み出されるもの」は、生き物としての命が失われたあとでも、生き延びるのです。

スケッチ

5月22日〜6月22日に生まれた方は、双子座に太陽を持っています。いわゆる双子座生まれです。境目の日付は年によってずれます。

双子座は一般的に、好奇心が強く、機転が利き、器用で賢い星座、といわれます。コミュニケーションが好きで、読書好きが多く、情報に精通している、とされています。

これらのことは、冒頭から述べてきたことを考えると、とても納得できます。

双子座は様々な「言葉」や「手段」を使って、外の世界と関わり、そのなかから自分の欠片を見つけ出そうとします。さらに、自分のなかにある「不死の魂」を、外に向かって紡ぎ出していくのです。

理解されたい、理解したい、という思いがとても強く、この面を押さえ込むと鬱屈してしまいます。

飽きっぽい、といわれる双子座。興味の対象が次から次へ移って、なにもかも中途半端に終わったと悩む人も多いようです。

ですが、双子座にはもうひとつの才能「創意工夫」があります。

ひとつの分野において成功している双子座の人は、よく観察してみると、いくつかの要素を組み合わせたり、異文化の要素を持ち込んだり、内容に様々な変化を加えている場合が多いようです。同じ分野のなかで横断的に活動したり、ふたつ以上の活動を混ぜたり平行運用したりしていることもあります。

ムリしてなにかひとつにしぼりこむのではなく、物事に多様さを取り入れることで、人にマネできないユニークな創造力を発揮するのが、双子座の本来の才能です。

神話のところでお話しした、不死のものと死すべきものを分かち合う力は、双子座に潜在的に備わっています。

牡牛座で体得した「実感」「五感」は、双子座の軸となります。

なぜなら、双子座の発信はとても個人的だからです。自分のなかに培われたものを発信し、他者から受け取った情報を自分のなかにある牡牛座的実感と突き合わせて確かめる。情報は情報としてだけ流通するモノではなく、あくまで受け取られたときに感じられるその体感を前提としています。だれにも食べられないものはどんなに市場に出してもだれも貨幣に変えてくれません。「食べておいしい」「見て美しい」という牡牛座の世界で培われた感覚と、他者とやりとりする言葉や貨幣とは、切り離されずにしっかりと結びついています。

ですから、双子座は情報とコミュニケーションの星座でありながら、かつ、とてもゆたかな感性に恵まれた星座なのです。

この感性の部分を忘れて、やりとりや関わり、関係性のほうだけに注力してしまうと、双子座の世界はとても表面的で薄っぺらいものになってしまいます。ときに、とても受動的な面ばかりが出てしまって、自分ではなにも決められなくなることもあります。


フットワークがよく、外へ出て行くことが大好きな双子座。

変化に強く、いつまでも若々しいのがその特徴です。

年齢が上がってもセンサーはいつも敏感で、しばしば世代の離れた若い人の文化にも精通します。心に弾むような弾力があり、新しいものに触れたときは敏感に反応します。感じたことを語り、ゆたかに心を動かし、物事を楽しむ術を知っています。

他の人から見ればつまらないものでも、双子座の人にはすばらしくおもしろいものとなることがあります。双子座の人は、外側から漫然と眺めるのではなく、対象の内部にどんどん冒険していくような、とても積極的なコミットをするからです。かならず、そのものの特徴やよいところ、キラリと光るものを見つけ出すことができます。

そして、そのキラリと光るなにかについて、とてもゆたかな表現で、わかりやすく語ることができるのです。

風通しのよい部屋や気持ちのよい高台は、双子座をリラックスさせてくれます。気持ちが落ち込むときは、外に出て散歩することがなによりのリフレッシュ方法なはずです。でももっといいのは、文庫本を何冊か鞄に入れ、ショートトリップに出かけることだろうと思います。

メッセージ

双子座は、旅する星座です。それも、近距離をいくらでも動く星座です。商売が「飽きない」といわれるように、何度か同じように見える変化を繰り返すことでなにかを得ることもあります。貴方の築き上げたものが、あるときとても心許なく、つまらなく感じられることがあったら、どうか気持ちを落ち着けてください。

そして、道路や線路をイメージしていただきたいのです。

道路や線路は、家が建つ「土地」ではありません。お城ではありません。住むことはできません。橋も同じです。

長い時間をかけてなにかひとつのことに打ち込み、それだけを成し遂げること。長い時間を同じ場所で、ひとつのことだけをして過ごすこと。その人だけにしか生み出せないなにかを創り出すこと。これらのことは、いわば、お城を建てるようなことだと思います。

もちろん、そういうことを成し遂げる双子座の人もいます。でもその過程で、たぶん周囲を見渡して、自分が異端的なことをやっていたり、道を外れていたりするような気がするときが、一度や二度はあるでしょう。

そんなときは、貴方の作ってきたものを、土地やお城としてではなく、橋や道路や線路としてイメージしてみてください。

双子座は、「関係」を生み出す星座です。お城や家はいつか朽ち果てますが、シルクロードによって伝わった文化は、その後長らくその魂を保ちます。

おそらく貴方は、いくつもの「関係」をつないで、それらを意味や価値でつなぐことを担ってきたのではないかと思います。

貴方のなかにあるゆたかな感性と、貴方の「関わり」を生み出す力、これでワンセットです。どちらかだけに偏ることはできません。カストルとポルックスが1年を、天上と地上で半々に過ごすように、経験と体感を通した感覚と、他者や世界とのやりとりから得た知識とを結合させ、また新たに外に向けて発信していくのが、双子座の担うテーマです。

地上だけで過ごすものもあれば、天だけで過ごすものもあります。でも双子座は、そのあいだを行き来して、そこに「死なないなにか」を創り出す星座です。

このような「行き来」の創造は、しばしば目に見えないクリエイションです。

もし、貴方がどこに向かっているのかわからないように感じたり、なにも積み重ねてこれなかったように思えたり、あるいは、寄り道ばかりしているように思えたりするなら、そのことを思い出してみてください。

貴方の人生は、おそらく、たくさんの旅の集積として思い出されることになるはずです。旅は、物理的な旅もあれば、人の心を行き来する旅、特異な体験をする旅など、様々なものがあるはずです。そこでは、貴方が動かなければ決して結びつかなかった関わりや物語が、いくつも生まれたことでしょう。

それらの関わりと物語がすべて、貴方自身であり、貴方にしか築き上げられなかったものなのです。

蟹　座

Cancer

フェアリーテイル *Cancer*

蟹座を、お話にたとえるなら、こういう感じです（お話は双子座から続いています）。


女将さんは、心配そうに私の顔をのぞき込みました。

あんたのそんな顔を見たことがないね、なにかいやなことでも言われたの？

私は、女将さんになんと言っていいかわからず、ぼんやりしていました。すると、女将さんは、「悲しそうな顔をしてるね」と言いました。

悲しい？　と私はオウム返しに聞き返しました。

これは、悲しい、ということなのか。だとすると、なぜ、私は悲しいのだろう。

女将さんは、私の横に腰掛けました。店にはだれもいません。みんなお使いにでも出かけているのでしょう。

「あんたは、どこから来たのかわからない、って言ってたね、やっぱりまだ思い出せないの?」

うなずくしかありません。

どこから来ただれと話しても、私は、私がどこから来たのかわかりませんでした。

一番自由に話せる言葉は、この地方の言葉です。でも、この地方にはいくつもの町があります。

その中のどこの町から来たのか、いろいろな商人の話から想像してみました。しかし結局、よくわかりませんでした。

不意に、私はつぶやきました。

「私は、どこに行けばいいんでしょうか」

こんな言葉が口をついて出てくるなんて、我ながら意外でした。

でも、やはり私は途方に暮れていたのです。この宿でやっかいになって、仕事もさせてもらい、安堵を感じているけれど、でも、どこから来たのか、どこに行けばいいのか、わからない。

このことが日を追うほどに、だんだん不安になってきていたのです。

「自分がどこにいたんだかわからないのは、辛いもんだろうねえ」

と、女将さんは私の背中に手をやって、優しくさすってくれました。

私の目から、涙がこぼれ落ちました。これにも、私はとまどいました。

まるで覚えのないことでしたから。

「でもね、あんたはもうここの人間なんだから、ここを家だと思っていいんだよ」

私は、女将さんの顔を見つめました。

「あんたは役に立ってくれているし、お客にもずいぶん重宝されてるじゃないか。行くところがないなら、ここにいればいいんだよ。この町の市場は最近どんどん大きくなるし、いずれ小金も貯まったら、所帯ももてるじゃないか。あんたも商売ができるよ」

この町に根を下ろしてしまえばいいんだよ、と女将さんは言いました。


この日以降、私はこの町に親しみを感じるようになりました。

たしかに、ここは、居心地がいいのです。仕事もあり、日々、いろいろな商人に出会い、退屈することもありません。知り合いも幾人かできました。たまに他の店や役場に使いに出されたとき、「この宿の者だ」と自信を持って名乗れるようになりました。私には居場所があるのです。

いつしか私はこの町を、自分の手のひらのようにくまなく知りつくしていました。


そんなある日、ある商人が宿に数日、逗留しました。

その商人は、娘を連れていました。

私は彼女の顔を見たとき、どこか見覚えがあるような気がしました。きらきら光る黒い瞳と黒い髪の、少し目立つようなつんとした歩き方をする少女でした。

私はある朝、その商人に呼ばれ、自分が商売に出ているあいだ、娘を連れてこの町を案内してほしい、という申し出を受けました。一人歩きさせてなにかあっては困ると、金持ちの商人は宿の主人に交渉し、私を半日借り切ったのです。

私はその少女を小さな馬車に乗せて、町を見せてまわることになりました。立ち並ぶ店や露店、大聖堂、町の広場など、行く先々で、彼女はとてもおもしろがりました。快活で、発見した彫像や珍しいものに出会うと声を上げたり、私にその名前を聞いたりしました。そして時折、子どものようなあどけない顔ではなやかに笑うのでした。私は、自分も楽しさを感じていることに気づきました。

馬車を降り、露店を見て歩いているうち、彼女は店先の果物をほしいと言いました。あとでお父さんに払ってもらうから、買ってくれませんか。

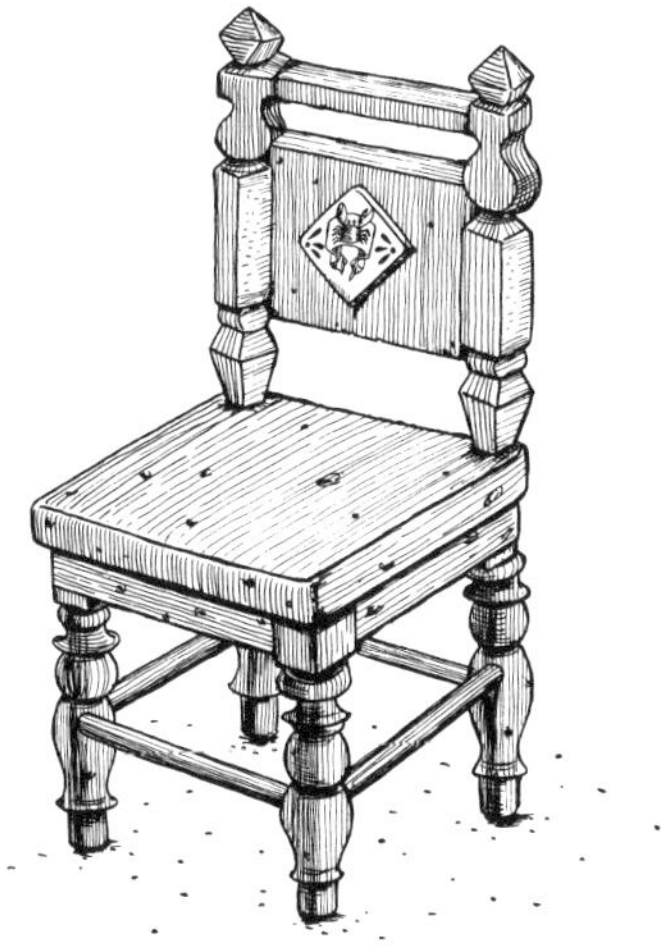

私はポケットからコインを出そうとしました。

しかし、ポケットの中では、なにかコインではないものが手に触れました。


出してみると、入れっぱなしに忘れていた、あの首飾りでした。

以前通訳をした商人から報酬として受け取ったものでした。

娘はそれを見て、ぱっと目を輝かせました。

私は、よく見えるように、その首飾りを広げました。

真っ白な石、赤い石、黄金の金具。細かい細工が施され、こうして改めてじっくり見てみると、本当に美しい首飾りでした。

彼女は静かにそれを見つめ、それから私の目をまっすぐ見つめ、きれいね、と言いました。


そのあと、少女は果物のことなど忘れてしまったかのように静かに馬車に乗り、私たちはそのまま宿屋にもどりました。

翌朝、宿の廊下であの少女と行き会いました。私が、もうお発ちですか、とたずねると、彼女は、ええ、と、エレガントに笑って会釈しました。

昨日はどうもありがとう。

次の行き先は、S…の町でしたっけ、と私はたずねました。商人がそう言っているのを、小耳に挟んでいたのです。

ええ、そうです、と彼女は答えました。そのあと、E…の町に帰るの。

お気をつけて。

彼女はその真っ黒なきらきら輝く目で、私の目をまたまっすぐに見つめ、ありがとう、と微笑みました。

そして足早に階段を下り、戸口で支度をしていた父親とともに出て行くのが見えました。


少女が発ってから、私は、妙な感覚に襲われました。

なにかを置き忘れたような、いつも物足りないような、不自然な感じでした。

頼れる宿の主人、優しい女将さん、今では仕事を終えてゆっくりビールを飲む仲になった仲間たち。この場所では、私はたしかに役に立っています。

あたたかく慣れた場所があります。

なんの不足もないはずなのに、今ではそれらがどこか空々しく、味気なく感じられるのでした。

このたとえ話は、このあと、獅子座のお話に続いてゆきます。

ひとまず、蟹座の段階はここまでです。

蟹座のしくみ

蟹座は、ひとつの「閉じた世界」を象徴しています。

壁に守られた、完結した世界です。

壁は、しばしば壊れます。そして、壊れたところから外側に広がり、また新しい壁が生まれます。

双子座の段階では、「他者との関わり」が生じました。

とはいえ、自分と他者とは完全に切り離されていて、相手の頭のナカミを開けて見ることはできません。どんなに大切な相手でも、その相手の痛みを直接感じてあげることは不可能です。

人は肉の壁の中に閉じこめられたまま、語感や言葉を通して必死に、外の世界とコンタクトを取ろうとします。これが「コミュニケーション」です。ですが、「自分」は身体の外に出ることは不可能です。ゆえに、決して外部のなにかと融合してしまうことはありません。


ですが、蟹座の世界では、ある特殊な方法でその「融合」が可能になります。

そして、混ざり合ったものたちがひとつの大きな「自己」として認識されます。

蟹座は、身内を大切にする星座、といわれますが、その原因はここにあります。

近しく関わってそのなかに自分の分身を見つけたら、蟹座にとって、その相手はもう「自分自身」なのです。蟹座の「自己」は、いわばひとつの「国」です。その国に住む者すべてが「自己」なのです。


この、自分と他者の境界線を曖昧にして、広く「自己」を広げ、ひとつの世界にまとめ上げている力は、いったい何なのでしょうか。

それは「感情」です。

感情は、「自分と他人」という構図を、「自分と自分以上に大切な相手」に変えます。

「自分と、自分の一部のようなだれか」という関わりを作り出します。

親子、恋人、仲間、親友。ときに自分の命さえ与えてもいいと思い、その相手が死んでしまったら身を切られるような悲しみを感じる存在を、多くの人が持っています。

「他者」という言葉は本来、「自分以外の人間」という意味でしかないはずです。ですが、「他者」でも「自分自身」でもないもうひとつの存在が、この世には存在します。

それは、貴方の感情によって貴方と結ばれている「だれか」のことです。

感情は、自分と「他者」であるだれかをつなぎ合わせて、そこにひとつの世界を作り上げます。しばしば恋愛で「ふたりの世界」という表現が使われますが、これはまさに、感情によって作られている「世界」です。

これが、蟹座の世界です。

蟹座の世界では、感情を通して、様々なものが融合しています。

蟹座の身びいきということがよくいわれます。蟹座の世界の内部に属している限り、それは絶対的に「よい」のです。そこにあるべきであり、気持ちを忖度され、気遣ってもらうことができます。その権利があります。なぜなら、甲羅の内部に入ることを許されたものはすべて「蟹自身」だからです。評価されたり比較されたりすることはありません。能力や長所短所で相対的に価値判断されることはありません。感情の力によって「自分の一部である」と認められた相手は、すでに甲羅の中にいることを許されていて、絶対的に肯定されているのです。

一方、蟹座は外の世界を激しく排除します。感情は傷つきやすく、すぐに人と人との境目を越えてしまうからです。かたい甲羅でやわらかな感情の世界を守る。それが蟹座のしくみです。

恐怖心や警戒心で外と中を厳密に区別するのは、感情という、人と人とを関わらせる非常に扱いにくい機能を暴走させないためなのです。

それでも、この感情という機能は、元来が人と人とをへだてる壁を越えるためのものです。ゆえに蟹座の世界では、壁は徹底的に固く守られますが、同時に、壊れることもプログラムされています。壁はしばしば、守られるべき当の感情により、打ち砕かれるのです。

感情の力は、水に象徴されます。

水は、地球上では、生き物が生きるために絶対に必要なものです。

でも同時に、水は、ものを腐らせ、窒息させます。洪水はすべてを押し流して破壊します。

水は、生かす力と死なせる力を同時に備えているのです。

生きることと死ぬことは、対です。

死ぬことがなければ生きることは定義できませんし、逆もまた然りです。

水の星座は、そんな生死の表裏を象徴しています。

蟹座の中心にある「感情」は、人が生きていることを保証するとともに、それを危険にさらします。

生まれるとき、人は母胎から切り離されて外に出ます。

でも、ときに人は、だれかのために命を失ってもいい、と思うほど、他者との融合を望みます。


ひとりの人間にとって、自分以外の人間はすべて「他者」です。

徹底的に「自分以外」の存在です。

でも、人は、「他者」とは言えないような密接な存在を、人生の中で幾人か、得ます。

それはたとえば、その人が死んだら自分も死んでしまいたくなるような相手です。

その人の死によって、自分の命そのものがいくらか、あるいはすべて意味を失うような相手です。

家族、恋人、パートナー、友だち、仲間、そんな名前で呼ばれる場合もありますし、どんな名前もつかないような場合もあります。名前はどうでも、だれもが、自分と同じくらい、あるいは自分以上に大切に思える存在を得ます。少なくとも心のどこかで、そういう相手を得たいと熱望します。

そんな相手とのつながりは、いったいどのようにして生じるのでしょうか。

頭の中を開けてみることも、直接心に触ることもできない、人間同士の絶対的なへだたりを飛び越えて、両者を結びつけるもの。

それが、水に象徴される「感情」の力なのです。

蟹座の甲羅の中の世界では、命をやりとりするかのような、重厚な感情のやりとりが行われます。自分と他人の境目がわからなくなるほど、安心してくつろげる「場」が生まれます。

でもその「場」を生み出した原動力である「感情」は、変化し、膨張し、「場」を作っている壁を中から壊しにかかるのです。

壊しては作り、作ってはまた、壊す。

この衝動の繰り返しが、蟹座の世界です。

これを繰り返すほど、蟹座の世界は広がります。

蟹座は、自分の殻に閉じこもる、という面を持っています。

でも、その殻は、定期的に壊れます。壊れたとき、蟹座は、外の世界から新しいものを取り込み、領土を広げ、また新しい殻を、昔の殻の外側に作り出します。

蟹座の世界は、構造としては閉じているのですが、時間軸を追って見ていくと、決して閉じてはいません。

壊す衝動は、常に、共感したい、人と人との垣根を越えて向こう側に行きたい、という「感情」の本性に由来しています。

これが、蟹座のしくみです。

神話

蟹座の神話は、とても哀れです。

9つの頭を持つ怪物・ヒドラには、ひとりの友人がありました。それは、一匹の大蟹でした。あるとき勇者ヘラクレスが、このヒドラを退治しにやってきました。すると、この大蟹は親友のヒドラを守ろうと、勇敢にもヘラクレスの足に、はさみでかみついたのです。ですが、ヘラクレスは大蟹を踏みつけてやすやすと殺してしまいます。

蟹は、じつは女神ヘラの使いでした。ゼウスと人間の女性の息子であったヘラクレスを、ゼウスの正妻であるヘラは心底憎んでいたのです。

ヘラの嫉妬や怒りに蟹が共感したのかどうかはわかりません。でも少なくとも、彼女の感情を背負って、蟹はヘラクレスという勇者に立ち向かっていきました。

あるいは、友人であるヒドラを守るため、無謀な挑戦に出ました。

蟹座にはいかにも、そんなところがあります。

平素は臆病で、外の世界をとても恐れているのですが、こと「だれかのため」となると、文字通り捨て身で突進できるのです。

自分を守るため、となると、甲羅はどんどんかたくなります。外に出まいと、必死で自分の居場所から出ることを拒みます。

でも、だれかを守るため、となったら、蟹座の恐怖心は、ウソのように変化します。自分の甲羅が踏みつけられて壊れても、いっこうに気にしないのです。


蟹座にとって、この「甲羅」と、「感情・共感」とは、人生のなかで繰り返し出てくるテーマです。なにを中に入れ、なんのために力を注いでいくのか。

蟹座は、単独では決して幸福ではない星座です。

その多量の水に象徴される感情は、いつもだれか他の人のほうに向かって流れていこうとしています。だからこそ、その水が無制限に流れ出して水浸しになってしまわないよう、かたい甲羅で「管理」する必要があるのです。

守ることと、流し出すこと。

このふたつの力は、ときに拮抗し、ときにお互いを助けます。

蟹座を守る星は月です。

月は周期的にその姿を変えます。

この変化に象徴されるように、蟹座はそのあり方を周期的に、変化させていきます。

甲羅で守り、守っているうちに、守りが決壊して大量の水が流れ出します。そのあと、また甲羅を新たに構築し、その中にたくさんの新しい水を蓄えます。

こうして変化するほどに、その内部に新しい世界を己自身として取り込み、広げていきます。

この広がりの可能性は、無限大です。


ヘラクレスに踏みつけられて死んでしまった蟹は、なんだかとても哀れです。

だれの役にも立ちませんでしたし、蟹の死によって、だれも困りませんでした。

でも、この蟹、考えようによっては、とても自由な存在です。

自分の命をあっけらかんと、強大な存在に恐れ気もなくぶつけていくのです。

だれかの願いを叶えるために、まったく自分の身を守ることなく、突き進みます。

これだけスッキリだれかに自分を与えてしまうことができたら、いっそ気持ちがよいくらいです。

蟹座は臆病で自分を守るために執心する星座、といわれますが、本当は、その感情はとてもオープンに、外の世界に向かって開かれています。

その共感はまったく無邪気で、てらいもなければ制限もありません。

ひとたび中に入れば、そこでは否定されることも比較されることもありません。

蟹座の世界では、命は絶対的な自由を許され、のびのびと振る舞うことができます。

蟹座の世界は、そこにいたる人をたしかに潤し守る、澄んだ泉であり、庭なのです。

スケッチ

6月23日〜7月23日に生まれた方は、蟹座に太陽を持っています。いわゆる蟹座生まれです。境目の日付は年によってずれます。

一般的に、蟹座を語るときに出てくる言葉はまず「母性」です。

でもこの「母性」という言葉、よく考えてみると意味がよくわからないのです。

母親ならかならず子どもをかわいがれるかというと、そういうふうにゆかない場合も多いようです。

子どもなら、だれでも母親にかわいがられたいと思います。無条件に愛されたいと思います。そして、だれでも一度は子どもだった歴史を持っています。だからこそ、この「母性」という言葉が生まれたのだと思います。要するに、母性という絶対的な感情なり本能なりがこの世の中には存在し、それが母親にはすべて宿っており、だから子どもはかならず愛されるのだ、と、だれもが「信じたい」のです。そんな願望を投影した言葉が「母性」なのでしょう。

ですが現実は、そう簡単にはいきません。

「母性」という言葉は、そういうわけで、私はあまり好きではありません。

蟹座は家族を大事にする、といわれます。でも、そうでもないことも多いのです。むしろ、家族を痛烈に傷つけたり、切り離したりする人もあります。

蟹座は、冒頭に述べたとおり「自分の世界」と「その外側」を徹底的に区別します。ですから、血のつながった親でも、「内側ではない」と判断されれば、トコトン冷たくなれます。また、まったく血がつながらない他人でも、ひとたび「内側に入れよう」と思えば、それこそ身内かと思うような接し方をします。自分が食べなくても相手に食べさせて、それで満足なのです。

このような深い感情の関わりが、蟹座の特徴になっています。これを評して多くの占い師が「母性」という言葉を選ぶのでしょう。

共感する、思いを受け取る、相手と自分の境目を取っ払って考える。

このことは、人間にとってどうしても必要なことであると同時に、とても危険なことでもあります。ともすれば蟹座の神話のように、踏みつけられて終わってしまいます。

不安定に揺れて、人と人との境目を壊してしまう「感情」の力は、現代社会では、否定的に扱われます。この資本主義社会を生き抜くには、クールに理性的であるほうが、都合がいいのです。資本主義社会では、ほとんどの価値判断は相対的です。数値化され、計量され、比較されて、強いものが生き残り、弱いものは置いていかれます。ですから、そこでは他者を絶対的に肯定して自分自身と混同してしまうような「情」は足手まといになるのです。たとえば、能力主義は、より大きな結果を出した人を優遇します。家族主義的に、つまり感情を優先して人を絶対的に肯定する場合、年功序列のように、成果の多寡によらず評価することになりますが、このようなシステムは現代社会では否定的に扱われています。つまり、感情において物事を判断することが、忌避されがちなのです。

ですから、個人のなかでも、「感情」を扱う力がとても弱まっているように思えます。感情は水によってなぞらえられるとおり、人のなかに常に降り注いでいます。これをダムのように押さえ込めるだけ押さえ込んでおいて、臨界点に達すると破綻する、というパターンを繰り返すとき、人は神経症を患ったりします。昨今、鬱病を患う人が多くなっていますが、このような「感情」の扱われ方を考えると、なんとなく腑におちる気がします。

蟹座にとって感情の力は、最大の武器であり、生命力と魅力の源泉です。これを甲羅を使ってしっかり管理し、使いこなすことは、大切な課題です。

蟹座には3つのモードがあります。

ひとつめとふたつめは、定常的に見られるモードです。

まずひとつは、クールで人を寄せ付けない、あるいはおとなしく自己主張しない、固く冷静な態度です。どこか「人間嫌い」な印象を与えたり、非常にシャイに思われたりします。これは、蟹の甲羅を外側から見た印象です。

もうひとつは、甲羅の内側です。穏やかでやわらかく、静かで、とても協調的です。人に優しく、奉仕的で、思いやりがあり、模倣がうまく、場の空気をしっかりと読み取り、状況に合わせてリーダーにも黒子にもなる柔軟さを持っています。

幼い状態の蟹座は、恐怖心や警戒心が強いため、前者の傾向が強くなります。成長するにしたがって、内側と外側を強固に分けたがるクセや、外側をこちこちに固めるクセが柔軟になり、後者の印象が増してきます。

残るひとつは、衝撃的です。

ときに火山のように感情をバクハツさせて人をなじったり、だれにも相談せずに会社を辞めたり、周囲が驚くような行動に出ます。なにかに全財産をなげうってしまったり、突然思いもよらない場所まで出かけていったりします。

甲羅の中で感情が緩やかに動き、いきいきと人にその水分を分け与えるモードと、大量の水が一気に決壊して古い甲羅を壊してしまうモードのふたつが、交互に出てくるのが蟹座の世界です。

この不安定さは、自分自身でも扱いかねることもあるでしょう。自分のこのような二面的傾向について、恥や不信感を感じる人も、少なくありません。

命は刷新されなければ、濁ってしまいます。

命は安定した個体ではなく、状態変化と新陳代謝を繰り返す「動き」そのものだからです。

蟹座という水の星座は、生命を与える水と、生き物の死を受け止める水の両方を象徴します。人と人との関わりのなかから人が生まれ、同じく、関わりのなかで人が死んでいくとき、そこで何度か、不思議な「融合」が発生します。

人と人とが融合したときに、その曖昧で脆い融合を守るため、外側に甲羅が生じます。

包み込み、安心して溶け合い、そこでさらに新しい世界を見いだす力。

蟹座のなかに組み込まれた変化の衝動は、決して非生産的なものではありません。

蟹座が感情に押し流されるとき、極端から極端に走ってしまい、つながりそのものを切り捨ててしまうことがあります。ダムの決壊が途方もない惨事を引き起こすのに似ています。

この感情を「コントロールする」ことは、大事なことです。

ですが、「コントロールする」という言葉は、しばしば誤解されています。

たぶん「オペレーションする」という表現のほうが正しいのかもしれません。

要するに、制限したり押さえ込んだり否定したりするという意味ではないのです。

感情の爆発的な力は、蟹座がそれを利用し、他の人に対して提供するために備わっているのです。

決して、打ち消してしまわなければならないモンスターではありません。

開くことと、閉じること。

慣れた場所に何度も通ったあと、また新しい場所を探し出して、そこを「慣れた場所」に変えていくこと。

蟹座が「母性」を強調されるのは、こんな「育てる」力が注目されるせいかもしれません。

蟹座は、実効性を重んじる星座です。車の運転を机上で教えてもらっても、すぐに運転できるようになるわけではないように、「慣れる」「身につける」ということが「学び」の本質です。

蟹座は自分の世界を広げ、世界を自分自身と統合できる星座です。

ですから、「育む」プロセスが、模倣や繰り返し、一見ムダに見えるような反復を必要とすることを知っています。

直線的ではない動きを「全体」として包み込み、そこになにごとかを生み出すのが、蟹座のしくみなのです。

バイアス

「差別を論じたものがほとんどすべてだめなのは、その筆者が自分だけはそんなものとは無縁だと心の中できめてかかるからである」

(『オーウェル評論集』岩波文庫／ジョージ・オーウェル／小野寺健編訳)


「戦争の残酷さ、きたならしさ、むなしさを考える時、〈中略〉「どっちの側もおんなじように悪い。自分は中立だ」と言いたくなる。しかし、実際には、中立なんてあり得ないし、どっちが勝ってもおんなじな戦争なんていうものはない。ほとんどつねに、一方が多少とも進歩の味方であり、

他方が多少とも反動の味方である」（『カタロニア讃歌』筑摩書房／ジョージ・オーウェル／橋口稔訳）

両方とも、蟹座の作家、ジョージ・オーウェルの言葉です。

思考し、分析し、論理によって過たず検討を加えていけば、そこには完全に中立な客観的結論が導き出されるはずだ、というのが、「科学的」な考え方です。この立場はとても現代的で、あらゆる場で支持されます。

でもそこには、つねに危険な落とし穴があります。

人は、自分がどんなに感情に支配されている生き物か、気づいていないのです。オーウェルが前述の引用部で語っているのは、「主観」の存在について、です。主観は、「感情」を土壌として生まれる世界観であり、結論であり、価値判断です。どんなに理性的であるつもりでも、人はこの世に生きている限り、どこかのコミュニティに属し、身近な人をいとおしいと思い、物事に優先順位をつけています。

ある人にとって、自分の恋人がだれかに殺されることと、遠い国の見知らぬ権力者が暗殺されることとは、まったく別の意味を持っています。

前者は「感情」によって結びつけられ、自分の一部となっていますが、後者はまったく関係のない、赤の他人です。前者の場合、この人は激しく怒り、なんらかの行動に出るでしょう。後者の場合、それは「ニュース」でしかなく、自分の身辺に変化がない限りは、すぐにこれを忘れてしまうでしょう。

人はこのように、かならず、なんらかの感情に基づいて生活しています。

だれでも、自分が愛着や、安堵や、安楽や、快楽をうみだすものに執着しますし、それを奪い去ろうとする「だれか」に対して、無意識に抵抗や敵意を感じます。どんなに善良で無私な人でも、心のどこかには、そういう感情が存在します。

そして、そのなかから正義や善悪を考え、語り、行動します。

ですが、論理をふりかざして語る人ほど、その論理の出所である「自分の心にうごめくもの」、すなわち「感情」に気づかないのです。そして、「気づかれていない感情」は、その人の論理や行動に、おそるべき支配力を発揮します。

戦争や差別といった、幾多の主観が決して同意しないテーマのなかで、論理は簡単に「気づかれていない感情」に支配されます。

この、自らのなかに強くうごめく強力な衝動に、オーウェルは気づいていたのでしょう。

彼はイギリス人でしたが、自らスペイン戦争に参加しました。

彼は遠くから「客観的かつ冷静に分析」する知識人としての立場を拒んだのです。

彼は感情の作用を知った上で、そして、その感情の力を使って、戦場に赴いたのだと私は思います。

現場で実際に起こっていることを見聞きし、そこにいる人間に接し、そこで自らを共感のなかに沈めたところでしか、書きうる言葉は存在しない。

彼はそういうふうに感じていたのではないかと私は想像します。

それしか、彼の文章に描かれている人間の心のワナから逃れる術はないからです。

メッセージ

人の気持ちを受け止め、自分の気持ちも外に出す。

たったこれだけのことが、現代社会ではなぜこんなにむずかしいのでしょうか。

自分の感情の激しさに悩む蟹座の人は多いです。でも、感情の激しさに悩むことすらない、それほどこてんぱんに自分の感情を押さえ込んでいる蟹座の人もしばしば、見かけます。

変化すること、揺れること。

これらのことはたしかに、日常生活では邪魔になります。

人はだれでも、少し先の未来を計算し、予測しながら行動しています。その予測はたいていが、因果律に沿って直線的です。

このスイッチを入れれば、この機能が動くはず。

そんな機械みたいな解釈で、自分や他人を見つめているのが、現代社会です。

でも、蟹座の世界は本来、そうはなっていません。感情は計算できないのです。

お金さえもらえばどんな仕事でもするか、というと、そうではありません。親子でありさえすれば情愛が芽生えるか、というと、そうではないのです。

自分も変化し、相手も変化します。環境も、状況も、どんどん予想外の方向へ変化していきます。

蟹座は甲羅の外の世界を恐れるため、とても臆病です。

「怖い」と思えば思うほど、蟹座は不安定に、攻撃的になっていきます。


不安定な変化と、恐れ。

これが、蟹座にとって、最大の敵であると同時に、希望でもあります。

恐れをバネにして、蟹座はときに、死にものぐるいで努力します。不安定さが、蟹座の臆病な行動パターンを打破し、新しい世界に飛び出させてくれることがあります。

人間の成長とは、自分の限界を突破することです。

蟹座は、甲羅という明解な「限界」を持っています。

蟹座の人ならだれでも、自分の今現在の行動パターンがある程度、キッチリ決まっていることに気づくでしょう。行きつけのお店があり、散歩するルートがあり、旅に出る国があるでしょうが、それらには一定の範囲が存在しているはずです。

この範囲は、しかし、過去に、何度も壊れ、刷新されてきているはずです。

この、限界の設定と、それを乗り越えてきた歴史に気づくとき、貴方はもっとリラックスできるのではないでしょうか。

貴方は、変化に際して、だれよりも強い力を発揮することができる人です。

そして、失ってもなお、また新たな世界を再生し、それを古い世界より広く大きくすることができる人です。

怖い、という気持ちが高ぶったときは、まずその怖いという感情を、そのままに味わってください。

そして、本当にそれが恐れなければいけないようなことなのか、考えてみてください。

貴方には、境界線を作る力と同時に、限界を壊す力が備わっています。

貴方の行く手を阻む壁が心に生まれたとしても、同時に、貴方はそれを壊すことができるのです。

なぜなら、蟹の甲羅は蟹自身のものだからです。自分で作った自分の一部なら、自分で壊してまた作り替えることが可能です。

壊したあとに作られる新しい境界線は、貴方が慣れ親しむことができる、新しい世界を意味しています。

本質的な意味で「水」を傷つけることは、だれにもできません。

だから、いつだって、そんなに怖がる必要はないのです。

獅　子　座

Leo

フェアリーテイル
Leo

獅子座を、お話にたとえるなら、こういう感じです（お話は蟹座から続いています）。


日々は穏やかに過ぎていきました。

毎日、宿屋で通訳やボーイの仕事をし、しばしば仲間と愉快なひとときを過ごし、「生活」が続いていきました。

でも私の心には、得体の知れない疑問が育っていました。

宿に来る商人たちは、この町の外の世界の話をします。私はそれを聞きながら、「自分はいったいどこから来た、何者なのだろう」という思いを、日に日に強くしました。

「自分」、この不思議なもの。

私はたしかにこの町の外からやってきました。ここに居着いてもうずいぶん経ちますが、やはり「どこかから来た人間なのだ」という感覚はぬぐい去れません。

幾人かの商人は私の語学を褒め、「君はどこの出身なのか」とたずねました。

私は、笑ってごまかすか、「南のほうです」などと適当なことを答えるしかありませんでした。問いかけた相手はみな奇妙な顔をしましたが、深くは追求しませんでした。こういう宿場や市のある町には、いろいろな素性のものがいることを、彼らはよく知っているのでした。


どういうわけかはわかりません。

まっ白に月の輝くある夜、私は不意に決意しました。

この町を出て、運を試してみよう。

自分が何者かを、見つけにいこう。

もしかしたら、自分が生まれた場所を見つけることができるかもしれません。

だれか、私に私を思い出させてくれる人に出会えるかもしれません。

私が持っているものといえば、なにも書かれていない旅券と、小さな手帳だけです。そこからはほとんどなにもわかりません。私は気がつけばこの宿屋にいて、女将さんや親父さんや仲間たちにあたたかく助けられながら、通訳やボーイの仕事をしていました。ただそれだけで、他にはなにもわからないのでした。

もやもやした気持ちのなかで、私ははじめて「自分はどうしたいのか」を発見したのです。

私は、この町を出るのだ。

こう思い決めたとき、心の片隅に、あの少女のきらきら光る瞳が流れ星のようにひらめきました。


この計画を、私はだれにも言いませんでした。

まずは金を貯めなければなりません。無鉄砲に出て行っても、辛い思いをするだけでしょう。商人たちから何気ない雑談を通して情報を仕入れました。まずはどこに向かうかを決めなければなりません。さらに、旅券です。身分を証明するものがなければ、外に出ることはできません。出て行くには、これらの難題を解決しなければなりません。

私は、夜も酒場で働くことにしました。今まで、仕事以外の軽口はあまり叩かないようにしていたのですが、酔客や旅行者の悪ふざけにも応じるようになりました。

あの少女が最後に言った、

「そのあと、E…の町に帰るの」

という言葉が、耳の奥に残っていました。無意識に、私はE…の町の情報を仕入れるようになっていました。

私がつとめる宿の食堂には、旅行客以外にもたくさんのお客が入りました。味に定評があったので、地元の人が食事に来るのでした。どちらかといえば庶民的な雰囲気の宿でしたが、親父さんは食べるものに決して手を抜かないのです。ここでしか食べられない豆と肉の煮込みや串焼きなど、自慢のメニューがたくさんありました。

この食堂の常連客に、ある有力者がいました。そんな身分の方が来るような店ではないのですが、その方は一風変わったところがあり、身分の上下を気になさらないのでした。なんでも、子どものころに女中が作ってくれた郷土の料理が忘れられず、それは今やこの店でしか味わえない、ということでした。

２、３人のお供をつれただけでふらりと立ち寄り、腹一杯食べて陽気に帰ってゆかれるこの方を、皆特別なお客様として歓迎しました。

この方は、役所にも強い力を持っていらっしゃる、とかねて仲間から聞いていた私は、旅券を手に入れるにはこの方に頼るしかないと思い定めました。

でも、どうやって力を借りればいいのでしょう？

まあ、なんとかなるだろう。そのときになったら考えればいい。

私は楽観しました。

出て行くとなったら、かならず出て行けるんだ。


この町を出ると決めてから1年、私は必死に働いて金を貯めました。

心に描いた額が貯まったその晩、女将さんがひとりになるのを見計らって、私はとうとう、計画を打ち明けました。

親父さんに先に言うべきかとも考えたのですが、どうしても、この人にまず話したほうがいいような気がしたのです。

ですがいざ話すとなると、手が震え、冷や汗が出てきました。

どこの馬の骨ともしれない、怪しいといえばこれ以上に怪しい人間もない私のような者を、疑うことなく引き受けてくれたのがこの宿の主人夫婦です。特に彼女は私にとって、まるで母親のような存在でした。私の居場所を作り、守ってくれたのです。まさに恩人でした。

その恩人に背を向けて、今、私はこの宿を出て行こうという話をするのです。

お話があります、と呼び止めた私の顔を見つめる女将さんの人の良い微笑を見ていると、喉になにかがつっかえたようで、言葉が出てきません。

出て行くの？　と、女将さんが優しく私にたずねました。

私は驚きで、息ができなくなりそうでした。

このところずっと、あんたは様子がおかしかったから、出て行きたいんだろうなと思ってたのよ、と言われ、私は女将さんに、すべて素直に話しました。

自分がだれだかわからないこと。それをどうしても知りたいと思っていること。金を貯めて、この町を出て旅をすることに決めたこと。

でもね、あんた、旅券がないでしょう、と女将さんは言いました。

たしかに、それが問題でした。私は、この店の常連客である有力者のＳ氏に力になってくれるよう頼むつもりだ、と言いました。

女将さんは少しのあいだ、考えていました。

それから、何日か待ちなさい、なんとかしてみよう、と言ってくれました。


このたとえ話は、このあと、乙女座のお話に続いてゆきます。

ひとまず、獅子座の段階はここまでです。

獅子座のしくみ

前章、蟹座のたとえ話のなかで、主人公は「居場所」を得ました。

「私とは、宿屋の私のことである」

というのが、蟹座の段階です。蟹座の世界では、自分を取り巻く人間的・物理的環境に承認され、保証されることで「自分」が肯定され、安心して実感することができるようになります。組織や家族の一員、チームのメンバーのようなイメージです。人間関係のなかの「立場」「居場所」から、自分をアイデンティファイすることができます。

ですがここで、ひとつの疑念が頭をもたげてきます。

それは、「この環境から一歩外に出たら、『自分』はいったいどんな存在なのだろう」という問いかけです。

獅子座は「個」の星座です。

この、蟹座から獅子座への移行は、魚座から牡羊座への移行と、しくみがよく似ています。自分をくるみこんでいる環境から「飛び出す」動きが、火の星座では常に起こっているのです。
蟹座という居心地の良い、自分とつながった人々の住む世界から、あくまで自分の都合でひゅっと飛び出す。この情熱は、その人の根底にある生命力からわき上がってくるものです。

宿屋では、主人公は今や「必要とされている人」です。責任を負い、義務を果たしています。彼が離脱すれば、宿屋という「場」は乱れます。火の星座は、ある完成した状態、ある平衡状態を、揺るがしたり壊したりする力を持っています。

獅子座は、それを確固たる信念のもとに行います。その勢いは決してブレません。同じ火の星座でも、初速に頼る牡羊座や、帆船のように環境を利用して動力を得る射手座とは、違った動き方をします。火の星座は「スピード」を持っているとされますが、獅子座にはむしろ、「マイペース」という言葉が似合います。自分のなかにエンジンを持っているため、自分で安定的に速度を創り出すことができるのです。あくせく先を急ぐ拙速さや、なにかに合わせる受動性は、獅子座にはありません。

自分のなかにある可能性を最大限に外側に押し広げようとするには、「自分」を肯定することが前提となります。

主人公は、ここで、「自分が何者なのかを知る」という動機に、一切の自己批判を加えていません。

これは、ある種、幼い心理ともいえます。「他者」と関わる術を知った、成熟した人なら、自分の意志と同時に他人の思いにも配慮し、「望みを行動に移すことは果たして、正しいだろうか」と考えを巡らすはずです。でも、この獅子座の段階では、それはありません。

蟹座の世界でその存在を肯定してもらった以上、まだ自分を批判するという発想は、獅子座ではわかないのです。環境の羽交いのなかで満たしてもらった鋭気が、むきだしになってその人の道を切り開きます。

獅子座を支えているのは、絶対的な自己の肯定です。

この段階ではその確信が、その「ワガママ」が必要なのです。

人は、産着にくるまれたままで生きていることはできません。だれもが、生まれ育った巣穴から、自分を「個」として切り離す体験をします。そのときは、恐怖や不安、罪悪感を感じてはならないのです。そのようなものを少しでも感じたら、「未知そのもの」である外界へ出て行く勇気がしぼんでしまいます。

切り離す力は、刃物のように鋭く、ときに傲慢です。

ですがその力が絶対的に、必要な場面があるのです。

自己表現

獅子座にはもうひとつ重要なテーマがあります。

それは「自己表現」です。

獅子座はしばしば、俳優のイメージになぞらえられます。

自分のなかにある自分のイメージを自分で演じているような面が、獅子座にはあります。

これはどこか、蟹座の世界の「甲羅」を継承している部分があるのかもしれません。自分というやわらかいものをまとめ上げるために、蟹座は「外と中」を分けます。獅子座は「個」として飛び出しますから、接するすべてが「外」です。

でも、蟹座の世界のように、自己と「外」を敵対させるわけにはいきません。そこにはなんらかの和解がなければなりません。ただし、獅子座の世界にはまだ、シェアしたり譲り合ったり相手のために自分を提供したりといった「関係を作る手段」は、見えてきていません。

そこで、獅子座はあかあかと、堂々と、「自分はこういう存在である」と歌い上げるのです。「ハデ」というよりは、むしろクールな態度で表現されることが多いようですが、ここでは、ジミかハデかは問題ではないのです。

「自分はこういう存在である」

ということを、隠さずに表明する。相手によって態度を変えたりしない。

この硬質な「自己表現」こそが、個人が外界へ向かうときの、ういういしいコミュニケーションのかたちなのです。

この「表現」に対して、外からは賞賛か否定が返ってきます。

獅子座は、この両方を納得して受け入れることができます。褒めてくれる人は仲間で、否定する相手は、関わらなくてもいい相手です。

ここでは、蟹座のように「外部=敵への攻撃」は起こりません。

獅子座はその心の中心部に、「相手も自分と同じように確固たる『個』である」という感覚を持っています。

自分を絶対的に肯定しているのと同様、相手をも絶対的に肯定しているのです。

これは、褒めるとか承認するとかいう以前の、「前提条件」のようなものです。疑ったことのない信念、生まれながらに持った感性です。

この感性をもとに、獅子座は自己表現し、反応を受け入れ、他人をも無言のうちに絶対に肯定します。

この輝きは、まるで太陽のように人を惹きつけます。

人は、肯定されたいのです。でも、だれもが自分のなかに痛々しい自己否定の傷をたくさん抱えています。獅子座の「大前提」はこうした傷を、無言のうちに癒してしまうことができるのです。

神話

獅子座は、文字通り、神話の中の「獅子」をかたどった星座です。

ネメアという場所に住む大獅子が、近隣の人や家畜を襲っていました。この獅子は甲羅のような強い皮を持っていました。皮は刃物も通さず、弓矢もはねかえすほどかたいのでした。

ゼウスとアルクメネの子である勇者ヘラクレスは、ゼウスの本妻ヘラに憎まれて、狂気を吹き込まれます。その狂気によって、自分の子どもを殺すという罪を犯してしまった彼は、罪を償うために12の功《いさおし》を成し遂げなければならなくなりました。その第一の仕事が、このネメアの獅子を倒すことでした。

ヘラクレスは、この弓矢を受けつけない獅子を3日間、素手で締め上げて殺しました。そして、獅子の皮を剥いで頭からかぶり、以後鎧として用いました。

獅子の運命はどちらかというと哀れなものですが、ヘラクレスという勇者と結びつけて考えると、また違う光彩を帯びてきます。

この「獅子」は、ヘラクレスにとってある「力」の表現になっているようにも見えます。頭からその最強の獅子の皮をかぶることで、身を守ると同時に、それを倒したという強さを誇示している、とも取れます。


ゼウスの好色により、彼は親の人間関係から様々な被害を被ってきました。

ヘラクレスには落ち度がないのに、ヘラの悋気によって不幸のどん底に突き落とされてしまいます。ですが、彼は難行を自分の身に引き受けることで、そんな「環境」の制約から逃れ、ひとりの人間として自立することを選択します。

彼は、神々の感情や関係性の渦に飲み込まれずに、あくまで自分自身の生き方を勝ち取ろうと志し続けます。

その志が、12もの艱難辛苦を乗り越えさせるのです。

この勇者のありかたは、まさに獅子座に象徴されるすばらしい肯定と自己表現の輝き、といえます。

獅子は、哀れにも皮になめされてしまいますが、その後勇者の「皮膚」となって、勇者の力を誇示し表現し続けます。

星座を語る神話は、日本ではギリシャ神話がもっとも有名です。

ですが、世界には他にもさまざまな「星座の神話」が存在します。

星占いが生まれたのはバビロニアだといわれていますが、このバビロニアの神話は、ギリシャ神話とはまったく違った内容を持っています。さらに、ここから中国やインドに伝わった占星術のなかでも、それぞれ違った神話が成立しています。ローマ神話とギリシャ神話も、違った内容を持っています。それぞれの神話の世界において、星座は違った物語を持ち、まったく違ったテーマを象徴させられているのです。

ですが、この「獅子座」は、おもしろいことに、どの神話においても共通の特徴を与えられています。

それは、「王者、誇り高さ、権威」という象意です。

獅子の勇猛なイメージもさることながら、夏の盛りに太陽を従える獅子座は、もっとも強く輝かしい力を持つ星座として揺るぎない地位を保っています。

前述のギリシャ神話でも、「ネメアの獅子」だけを獅子座のお話と考えると、若干疑問を感じますが、その後、勇者ヘラクレスと一体となって真の力を得る存在、と位置づけると、まったく違った意味を持つように思います。

そんなふうに、獅子座は、誇りと王者の輝きを象徴する星座なのです。

スケッチ

7月24日～8月23日に生まれた方は、獅子座に太陽を持っています。いわゆる獅子座生まれです。境目の日付は年によってずれます。

獅子座はハデで演技派、というのが一般的な見方です。

でも、実際に獅子座の人たちを見ると、それほどハデな印象はありません。むしろクールな印象を持っている人のほうが多いかもしれません。

ただし、彼らにはかならず独特の「揺るがない」雰囲気があります。

外からの働きかけで簡単に意見を変えたりしないだろう、という、確かさがあるのです。この硬質な感触は、決して人をはねつけるものではなく、むしろそれに安心して寄りかかりたいような、ポカポカした熱を放っています。

獅子座の人でももちろん、悩んだり苦しんだりします。

ですが、彼らは滅多にそれを人に見せません。

ですから､非常に「強い人」と思われている場合が多いようです。悩みを吐露している最中でさえ、周りから見ると「それほど気にしていない」ように見えます。そのくらい、弱みを見せない星座なのです。


獅子座の頭の中には「自分」のイメージが映像として結ばれています。

それを、自分という身体を使って体現し、表現しています。彼らはいい意味での自己中心主義ですが、同時に、他者の目を強く意識しています。

どんな仕事をしていても、彼らはどこかで「自分」を表現しないではいられません。たとえ女優でなくても、その仕事のなかにはかならず、自分の力や創意工夫、イマジネーションを「表現」している部分があるはずです。それがない場合、彼らはかならず鬱屈してしまうのです。

褒め言葉に弱く、姉御・アニキ肌。頼まれたら断れないお人好しな面を持っているのが獅子座です。

「自分」に対して向けられる好意的な感情は、獅子座が生きていく上でのエンジンオイルとなります。

他人の目に、自分の輝きが反射して見えるとき、獅子座の輝きはもっと強くなり、さらに、その熱を求めて多くの人が集まってくるのです。

＊　＊　＊

「僕がいかに行動すべきかということを、僕はそのときの状態から、全く理性でもって決定することができる。つまり僕は他の者と一つの社会に共同で暮らしており、そこでは基本的に僕が彼らに要求するのと全く同じ生きるための権利を、彼らにも承認しなければならないということだ」

（『部分と全体』みすず書房／W・ハイゼンベルク／山崎和夫訳）

これは、獅子座の数学者パウル・ディラックが、物理学者のハイゼンベルクやパウリとの宗教に関する談義において話した言葉です。

ディラックはここで、徹底した無神論を開陳します。彼はこのとき若干25歳ですが、彼よりはるかに年上の有名な物理学者たちと堂々と肩を並べ、自分の信じるところを昂然と語るのです。

自分の意志、望みを信じ、それを取り扱う自分の理性を信頼し、かつ、周囲の人々のそれも同じように肯定する。この論理は、獅子座の内蔵しているしくみ「そのもの」という印象があります。

さらに、彼は神を、こんな調子で否定します。

「……神の意志だ、罪だ罰だとか、あの世だとか、またそれによってわれわれの行ないを正さねばならぬとか、そういったことに関する一切の話は、きびしい率直な現実を単にごまかすのに役立つだけだ」

このような強い調子で続く談義を、パウリはなにも言わずに聞いています。その態度に疑問を感じた周囲が、彼に意見を求めると、パウリはこう答えます。

「そうだそうだ、われわれの友人ディラック君は一つの宗教をもっている。そしてその宗教の趣旨は、〝神は存在しない。そしてディラックがその預言者だ〟というものだ」

ハイゼンベルクの記述によれば、ディラックはこれを聞いて、周囲の仲間とともに大笑いをし、対話はおしまいになった、ということです。

あれほど激しく宗教を切り捨てる談義を続けていたのに、最後に浴びせられた痛烈なパウリの皮肉を、ディラックはこだわりなく受け止め、笑い飛ばすことができます。

これらは、獅子座の魅力を余すところなくあらわしたエピソードだと思います。


「自己」をあかあかと肯定する獅子座は、人の悲しみや弱さに対するとき、ときに、それを切り捨てるような態度をとってしまいます。

さらにいえば、自分の弱さについても、同様の接し方をします。

つまり、自分の涙や傷や弱さを否定し、それをさらに傷つけてしまうのです。

自分の苦しみを無視し、孤独を批判すらします。

これらの態度はしばしば、他者への怒りに変換されます。

自分の苦しみを受け止めることができないため、他者を非難することでそれを解消しようとする、不思議な反転を起こしてしまうのです。

こういうとき、人は離れていくのですが、その寂しさを相手に訴えることができないために、いよいよ態度を硬化させてしまうこともあります。こうなると、彼らはどんどん身動きが取れなくなっていきます。自分で自分を締め上げてしまうのです。

獅子座もある意味、蟹座と同じくらいかたい甲羅を持っているといえるかもしれません。

人と深く関わるときにはその甲羅をやわらかくし、開かなければならない場合もあります。相手の弱さや自分の弱さを許すだけでなく、場合によってはその弱さを表現することまでを憶えると、獅子座はとても深みと厚みを増す星座です。

自分が強く主張し、一見それに固執しているようにすら見える意見を、ぱっと一転して笑い飛ばしてしまえるおおらかさは、他者の権利や主張だけでなく、弱さや悲しみに対する受容力にも、変えていくことができる力なのだと思います。

メッセージ

獅子座の人々が心から悩みを吐露しても、聞き手にはそれが「悩み」のようには聞こえません。まったく深刻そうに思えないのです。

多くの場合、獅子座の人々の「悩み」は、明るく、論理的で、「辛いことはすでに解決しているのだ」という雰囲気で語られます。


かつて、ある獅子座の方に、メールのお返事をする機会がありました。

その方からのメールにはちょっとした愚痴のようなものが書かれていました。ですが、私は特にそれを気に留めず、あくまで雑談のメールを返すような気持ちでお返事したのです。

するとその後、思いがけないことに「とても救われました」というメールが返ってきました。

それは、長い長いメールでした。

悲しい思い、辛い気持ちが、率直な筆致で綴られていました。

文面は決して情緒的ではなく、クールでユーモラスなムードさえ漂っているのですが、それでも、読んでいて胸がきりきり痛むほど、その方が苦しんでいることが伝わってきました。

そんなふうに、獅子座の方の弱さややわらかい部分は、他の人からは見えません。

他の人なら泣き叫ぶところを、貴方はただ不機嫌な態度くらいにしか表しません。

他の人なら悲劇のヒロインになるところなのに、貴方は怒りをあらわにして怒号する自己主張の人になってしまいます。

それは、貴方が自分の弱さを恥じているからなのではないか、と私は考えます。

自分が悲しんだり迷ったりしていることを、自分で認めることが怖いからなのでは、とも思います。

ですが、辛さや苦しさを感じることは、悪いことでも怖いことでも、ありません。


自分のなかの弱みや苦しみを自覚し、認め、さらにそれを表現したとき、貴方は新しい自分自身を獲得します。

それは、新しい言葉でもあります。

人は、自分の感覚と体験を、他者の表現と重ね合わせることで、手応えを得ます。

貴方は常に、自分がどういう人間であり、どんな理想を描いているかを、自分の人生全体で表現しようとする衝動を抱えています。

そしてその衝動に対して、いつも素直でいるはずです。

ですから、その「表現力」に深みが増すほど、貴方の人生は輝きを増し、より多くの人に影響力を持つことになります。


貴方の悩みや苦しみは、貴方を飲み込んでしまうことは決してありません。

むしろ、貴方はその悩みや苦しみを、貴方の炎の燃料として使うことができる人です。

獅子座は、火の星座に属します。

星占いでは、火は「直観」を意味します。

「直観」とは、本来は、しばしば否定的な使われ方をするように「無根拠な判断」を意味する言葉ではありません。

「直観」は、ゆたかな経験や叡智を備えた人が、ぐるぐると迷路をぐぐらずに、一気に結論を導き出す特別のショートカットを意味しています。

あれこれとリクツをこねまわし、因果関係を順序立てて説明するのが「思考」だとすれば、そんな迷路をたどらずに、空から一瞬で獲物に矢を突き立てるのが「直観」の力です。

その「直観」をとぎすますのは、あらゆる意味での体験です。

体験は、それがその人に経験されたというだけでは足りません。

経験を深い体験に変えるのは、その経験の隅々を意識し、自覚し、咀嚼する態度です。

このプロセスで、多くの場合、人は苦しみます。

迷い、悩み、ときに恥をかきます。失敗もしますし、非難を受けることもあります。

でもそれらを恐れずに、しっかりと受け止めきったとき、経験は、その人の血や肉になります。この血肉が、真理を射抜く「直観」を生み出すのです。

獅子座は、勇気を授けられた星座でもあります。

その勇気は、新しいことにチャレンジしたり、仲間を守ったり、敵を打ち破ったりすることにももちろん、役に立ちます。

でもその勇気が本当に役に立つのはおそらく、貴方が貴方自身の弱さに直面したときです。

そこから逃げずに、あえて傷や悩みを自分のものとして引き受けるとき、貴方の勇気と表現力と直観の力は、ぴったり噛み合って回り出すことになるはずです。

乙女座

Virgo

フェアリーテイル

Virgo

乙女座を、お話にたとえるなら、こういう感じです（お話は獅子座から続いています）。

親父さんは、強く反対しました。

身元も知れないお前をなにも聞かずに雇ってやったのに恩知らずにもほどがある、と怒りをあらわにしました。うちの店は、お前がいないと手が足りないことくらいわかるだろう。

そうです、この店には私の通訳を求めて、毎日かならず幾人かの商人が訪れるようになっていました。さらに、ボーイや御者など、他の仕事も手が足りなくなってしまいます。

これまで口論などしたことがなかったので、私は動揺しました。でも、この町を出たいという思いは固く、私は強情に説得を試みました。

恩は感じているが、私は自分が何者かわからないのにはもう耐えられない。自分がどこから来たのか、どうしても探しに行きたいのだ、と訴えました。

3日間、毎晩話し合った結果、最後に、親父さんは折れてくれました。

ただし、この同意には条件がありました。

かならず、3年経ったら帰ってくることだ、そう約束するんだ、でなければ出さない。

親父さんが許してくれなければ、女将さんはS氏に旅券の交渉をしてくれないでしょう。女将さんは親父さんとケンカをすることはあっても、親父さんの意に添わないことは絶対にしません。

3年。

私は考えました。3年間探し回って、それでもわからなかったら、たしかにもう見込みはないかもしれない。そこで一度もどってから、しばらくして、また探しに行ってもいいじゃないか。

私はそう考え、親父さんに、もどってくることを約束しました。


数日後の夜、仕事を終えて部屋で休んでいると、女将さんがやってきました。

そして、私に旅券を渡してくれました。

あんたは私たちの息子だということにしたんだよ、子どものころわけあって他の人に養子にやったのだけど、それが帰ってきたと言ってね。2週間後にE…の町に向かう隊商がやってくるはずだから、それにくっついておゆき。話はS様がつけてくれるそうだから。うちに宿をとってもらって、そのまま一緒に出て行けばいいんだよ。

私はひとりで出て行くつもりでいたので、そこまで勝手にお膳立てされたことに、少し腹が立ちました。余計なことをされた、という気がしました。

女将さんは私の気持ちを読みとり、少し厳しい調子で言いました。

自分がだれだかもわからない人間がひとりで外へ出て、身を守れるわけがないだろう。道中にも盗賊やら、危険は多いし、行き先の町に着いたって、そこでなんの伝手もなければ、働くことだってできやしない。世間を甘く見ちゃいけないよ。お節介と思うかもしれないが、私らにできるのはここまでだ。その先はあんたひとりでやれるんだし、世の中というものをちゃんと勉強しておいで。

そう言われて、私も考え直しました。

女将さんの手配について、素直にお礼を言いました。

2週間後、すっかり旅支度を整えた私は、宿の玄関先に立っていました。

S氏はその前の晩、宿にやってきて、E…に行く隊商に私を加えるよう交渉してくれました。

幸い、私の通訳を利用したことのある商人がその中にいたため、交渉はすんなり済みました。私のような人間をほしがっている店がE…にはいくらもあるということで、着いたその先のことまで請け合ってくれました。

出立の準備をする人々がひしめく玄関先で、女将さんは私の手を両手で包み、涙を浮かべて、ちゃんと帰ってくるんだよ、と何度も言いました。

身体に気をつけて、元気でね。

宿であるこの店では、こんな別れもたくさんあり、この言葉は何度も耳にしました。でも、旅人がこんな気持ちでこの言葉を聞いているとは、まったく知りませんでした。

かならずもどってきます、今までありがとう。

親父さんは外には出てきませんでしたが、その前の晩に、驚くほどたくさんの餞別をくれました。


E…の町まで、楽な旅でした。

見渡す景色は美しく、どこか懐かしい感じがしました。

隊商とともに野宿しながら数日かけて歩き通し、とうとう、E…の町にたどり着きました。

そこは、もといた町とは、まったく違った雰囲気でした。

先の町は街道の要衝でしたが、ここは港町なのでした。港にはたくさんの船が着き、遠く外国との交易が盛んに行われています。漁師も多く、市場は新鮮な魚貝でいっぱいでした。

私はこの町の、F商会という店に紹介されました。この店は船を持っていて、遠く海を越えて、染料や布の取引をしていました。買い付けの商人も様々な場所から訪れるため、私のような人間を必要としているのでした。

私はこの店の主人に気に入られ、近くに下宿しながら働くことになりました。

朝早くから夜遅くまで、帳簿の付け方や商売のやり方など、様々なことを学びながら働きました。

前の町を出るまでは、自分の出所を調べたり、あの少女を捜したりすることを夢に描いていましたが、この町に来てからやっていることは、それとはまるで関係のないことばかりです。

最初は落胆し、逃げ出すことも考えました。

ですがやがて私は、「足場」を固めなくては動けない、ということに思いが至りました。

今の仕事は、宿にいたころよりもずっと実入りがいいし、夜は自由な時間を持てます。もし、私が本気で旅をし、あの少女に再会したいなら、この店で働く人間としてきちんと体面を整えなければならない、と考えはじめました。

私はもう、宿の温情に守られた「だれでもないもの」ではなく、ひとりの人間として権利や責任を持たねばならないのです。望みに近づくには、まず自分を自分で立たせなければならないのです。女将さんの言葉通り、私は「世間」を今までとは違うやり方で学ぶことになったのです。

ある日、お得意様との雑談で、私はさりげなくあの少女の話をする機会を得ました。

あんたはここに来る前に、C…という町にいたそうだね。あそこはここの人もよく行くだろう。

はい、そういえば、この町の方をお見かけしたことがあります、大きな取引をされたようで、荷もとても大きく、きれいなお嬢さんとご一緒でした。

私が見た、あの父親の荷の内容や大きさなどをそれとなく説明すると、その人はすぐに、ああ、それはRという店じゃないか、と言いました。

あそこの娘は、Aという同じような大店の息子と、近々式を挙げるようだね、私も婚儀によばれると思うね。さぞかし盛大なお祭り騒ぎになるだろう、両方とも繁盛しているからね。

私の心臓は、この瞬間、ずきんと痛みました。そして、ドキドキと早鐘を打ち始めました。頭も心もそのことでいっぱいになってしまい、お得意様にその店のある通りの名をあたりさわりなく聞くのが精一杯でした。

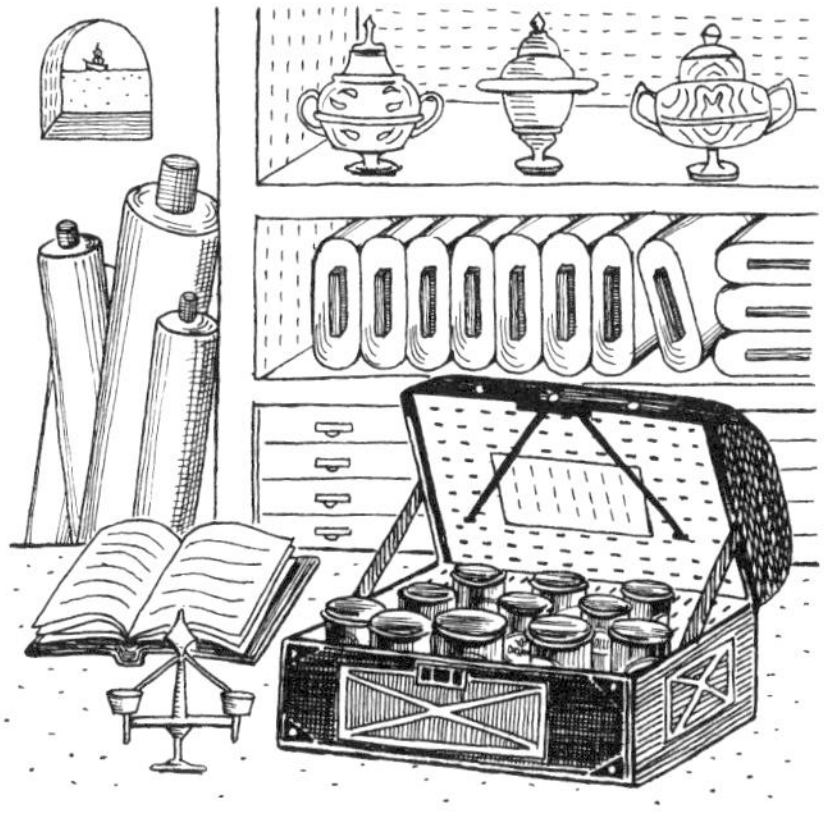

今晩仕事が終わったら、とにかく、その店の近くまで行こう。

そのあとどうするというアイデアは何も浮かびませんでしたが、とにかく、行ってみよう、という気持ちだけが固まって、膨らんでいきました。

その日の午後はまったく調子が狂ってしまいました。なにをするにも上の空で、いくつか小さな失敗をし、主人が首をかしげるほどでした。

その夜、私は教えてもらった通りに行き、その店を探しました。


このたとえ話は、このあと、天秤座のお話に続いてゆきます。

ひとまず、乙女座の段階はここまでです。

乙女座のしくみ

獅子座の段階で「自分」を発見し、自分の意志で動くことを決意した主人公が、乙女座の段階では、具体的に行動を起こします。

行動を起こすと、周囲は様々な反応を見せます。期待通りではなかったり、予想外だったり。そんな反応をしっかりと受け止めながら、自分の意志を押し通していくことになります。

これが、乙女座の世界で起こることです。

ここで、牡羊座まで遡ってもう一度見渡してみると、ひとつの流れが浮かんできます。

混沌とした場所から「飛び出す」のが、牡羊座の段階でした。それを「受け止める」ものは、器である牡牛座でした。牡牛座の段階で、主人公は「実体」としての感覚を手に入れました。その後、双子座ではコミュニケーションを覚え、蟹座という「居場所」を獲得したあと、獅子座の段階で、主人公はまたもや「飛び出し」ました。自分を包む環境に限界を感じ、その閉塞感から逃れるように、彼は個人として、外の世界に出ようとしました。

その飛び出した先が、乙女座の世界です。

乙女座で、彼は「社会」を体感します。自分と社会の接点に必要な手続きや義務、責任などを少しずつ、体験を通じて理解していきます。

ぽんと飛び出しさえすればいい、と思っていた獅子座の段階から、「3年後にもどる」という約束を背負います。もどることは彼の義務であり、責任です。さらに、次の町では、正式な被雇用者となります。これも、彼にとっては新しい責任です。

これらの責任を負うごとに、彼は自分の社会的な重みに気がつきます。

自分が守られるだけではなく、必要とされている存在であることに気づき、その「必要性」をもっと高めようと努力しはじめます。

乙女座は、個人が外に出て「他者」を発見するしくみを扱う星座です。

「他者」は、自分と同じように、欲求を持ち、権利を持ち、意志を持った存在です。人はそんな「他者」とつながりを持ち、さらに自分を生かすことで生活を営みます。

他者のためにすることが「仕事」です。

「仕事」はかならずしも、「お金を稼ぐこと」を意味してはいません。

子どもを育てたり、自分の菜園を耕したりすることも「仕事」です。それは、自分だけのためにやるなら「仕事」ではありませんが、家族でも、仲間でも、なんらかのかたちでその営為の「受取手」がいるものは「仕事」です。

自分以外の存在のために、自分がなにかを担う。それが「仕事」です。

この「仕事」はそのまま、自分の生活や人生を支える原動力となります。

仕事をするということは、社会的存在である人間の心や人生を実現し、満たすことにつながります。

このような意味での「仕事」は、乙女座という星座と深いつながりを持っています。

乙女座は、「他者」と出会います。そして、そこで「他者」とぶつかり、向き合い、よく見つめ、さらに働きかけます。「自分」の感覚をつかんだ上で、「他者」のなかにもまた、その人の「自分」があることを知るのです。

乙女座は発見に満ちた星座です。

乙女座の世界に入った当初は、周囲と自分の違いに驚きます。そしてしだいに、それをよく見極め、他人に従うところと自分を押し通すところを区別して行動するようになります。

牡羊座から獅子座までの世界は、いわば「主観」を完成させるプロセスです。

この「主観」をもって、乙女座は「他者」の住む場所に向かいます。そして、自分とは異なった主観の存在を目の当たりにします。

乙女座は、主観と客観のはざまに立つ星座です。

乙女座が象徴しているのは、「自分の主観」を軸としながら、「他者の主観」に働きかけてゆくという動きです。

双子座の世界でも、「発見」が起こっていました。

乙女座の世界の「発見」は、少し内容が異なっています。

双子座は、発見し、コミュニケーションし、取引をします。交換をし、交通によって移動します。そこに生まれるのは「関わり」です。「取引」に象徴されるように、一つひとつの関わりは分断されています。自由自在にくっつけたり切り離したりできます。

一方の乙女座はそうではありません。乙女座は、発見の次に、その対象に働きかけます。「仕事」は、継続的な営為です。責任を背負うということは、他者と人生の一部を「つなげてしまう」ということです。双子座の発見は交通と交流につながりますが、乙女座の発見はコミットすること、仕事をすること、影響しあってお互いを本質的に変成させること、つまりは「つながっていくこと」に向かっているのです。

＊
＊
＊

「人間は」と彼はいった、さまざまな段階を経ねばならないものだ。そしてどの段階にもそれぞれ独特の美点と欠点があるが、それらもその由来する時期においてはまったく自然なことで、ある程度までは正しいのだよ。次の段階ではまた変ってしまい、以前の美点と欠点は跡方もなくなってしまうが、こんどは別の長所や短所がとってかわることになる。このようにして、最後の変化にまで達するが、それがどうなるかはわれわれわれにはわからないのだ」

（『ゲーテとの対話（中）』岩波文庫／エッカーマン／山下肇訳）

乙女座の文豪、ゲーテの言葉です。

「すべては空である」とする仏教の考え方に似通ったものがあります。しかし、この文章には、悟りきった達観ではなく、あくまで「目の前にある現実」の生々しいリアリティが感じられます。

ゲーテの文章は非常に美しいといわれますが、「ファウスト」や「若きウェルテルの悩み」などを読んでいくと、ひとりの人間が不安定に矛盾するものを抱いたまま変化していく「生身」の姿が、細部にわたってアク強く描かれています。理想と現実、主観と客観のあいだに立って苦悩し、苦悩そのものを生きる主人公の姿がそのまま、書き抜かれています。現代ではこのような「小説」の方法はごく一般的ですが、ゲーテの生きた時代までは、「小説」は人を楽しませる娯楽としての物語を意味していました。ですから、人の苦悩のやっかいさや複雑さをありのままに詳述するという方法は、革新的だったのです。

乙女座は一般に、感性がゆたかで分析力に富む、とされています。

物事を詳細に見つめ、その特徴を、やはりことこまかに語ります。

「個人」が「他者」とはじめて出会うとき、そこにはまだ、なんの基準もありません。なんの取り決めもないところで、直に相手と接触するのですから、まずは自分の「感覚」が頼りです。好きかキライか、心地よいかそうでないか、安心できるか不安になるか。自分のなかにある「感覚」というセンサーをめいっぱいに働かせて、乙女座は対象を理解しようとします。

ですから、乙女座は対象を分析している最中、その評価を口に出すのですが、決して「結論」を決め切ることはありません。最終的な結論というものが、乙女座には存在しないのです。

なぜなら、存在はすべて、変化していくからです。

分析の対象も変化していきますし、それを見つめている自分自身もまた、変化していきます。

そんな変化のなかでは、「これが最終結果です」なんて、絶対に言えません。「定義」はできないのです。

乙女座がなんらかの結論を出したとしても、その結論のなかには常に、未来にはそれが変化するかもしれない、という保留が含まれています。どんなに断定的な言動も、それが乙女座から出てくる限り、未来には変化の可能性が含まれています。

これは、現実を見つめたときにたしかに出てくる、きわめてシビアなリアリズムです。変化しないものはこの世に存在しません。目の前にいる対象は、自分のセンサーのすべてを使っても理解し尽くすことはできません。これらが、乙女座の世界の前提です。

詳細に見つめ、詳しく語り、ときに分類をする。

これが乙女座の、もっとも強調される特徴です。

そのため、乙女座の世界では、全体の完成度はあまり問われません。バランスも、さほど重んじられません。「完璧主義」といわれる乙女座ですが、そのまなざしはかならずしも、全体性には向かっていません。むしろ、物事を部分部分に分け、その一つひとつについて絶対的な価値を問うていきます。

乙女座の詳細精密な感性は、物事を詳しく解剖します。ですから、全体から見たバランスはいつも、どこか崩れているのです。細かく分けて、あちこちに焦点をうつしますから、遠景はぼやけます。

でも、そこには常に「現実」が息づいていて、さらに、「発見」と「可能性」に満ちています。現実、部分、発見、可能性。このような探求を続けるため、乙女座の世界はとても不安定にできています。

小さな情報も、乙女座にとっては強いインパクトとなることがあります。

弱い風が吹いても、乙女座はじっと耳を傾け、目をそちらへ向けて、なにが起こったのか自分の身体で知ろうとします。

そんな繊細さを持った世界ですから、一方で、安定を強く求める傾向も出てきます。

地震計は安定した場所に置かれなければなりません。

精密な計器ほど、静かでぐらぐらしない場所に置かれないと、正しい結果が出せません。

安定への強い希求と、不安定になってしまうほど繊細精密な感性。

これが、乙女座を形作るふたつの傾向です。

＊　＊　＊

12星座の象徴は様々です。

蟹座や牡羊座など、動物を表すものが多く、水瓶や天秤など、ものに象徴される星座もあります。

冒頭に述べた火・地・風・水の4分類の他に、12星座にはもうひとつのタイプ分けがあります。それは、

活動宮……牡羊座・蟹座・天秤座・山羊座
固着宮……牡牛座・獅子座・蠍座・水瓶座
柔軟宮……双子座・乙女座・射手座・魚座

の3分類です。


活動宮はすべて「季節の始まり」です。新しい世界を切り開いていく開拓者的な動きを象徴します。なにかをスタートさせる力を持った星座です。

固着宮は「季節の盛り」で、活動宮で始まった季節をせいいっぱいに花開かせ、その状態を保とうとします。ですから変化を嫌い、ひとつのことを安定的に栄えさせようとします。

乙女座は「柔軟宮」に分類されます。この「柔軟宮」の象徴はすべて、おもしろい特徴を持っています。

双子座は、双子です。つまり、一人ひとりを見ればただの「子ども」です。「双子である」ということは、ある状態や関係性を意味します。

ひとりの親から同時に生まれてきた、という、関わりを表す言葉が「双子」です。

射手座も、「弓を射る人」ということです。「人馬宮」ともいわれますが、この場合は下半身が馬で上半身がヒトである状態を指します。

「存在そのもの」を意味するというよりは、これも、ある関係性や状態を意味しているのです。

魚座は「魚そのもの」のようですが、実は魚座は「双魚宮」と呼ばれ、2尾の魚がヒモでつながった状態を意味しています。

そして、乙女座、すなわち「処女宮」。

処女である、ということも、ひとつの状態であり、ある人間関係を意味しています。

まだ男性を知らない状態の女性。これが「処女」です。

柔軟宮は、このように「そのものズバリ」ではなく、なんらかの「関係性」を示唆しています。自分と自分以外の存在が出会って、はじめてそこに生ずるもの、を意味しています。したがって、柔軟宮はすべて、存在と存在のあいだをへだてる境界線を、ふわりと飛び越えるような機能を持っています。

なかでも、乙女座は、自分の五感や頭脳、すなわち自分の身体全体をセンサーとして、対象に肉迫し、ほとんど自分の存在すべてをかけて具体的に知ろうとする星座です。

柔軟宮は「季節の境目」です。

ある季節の終わりを予感しながら、次の新しい季節への準備をはじめる段階を象徴します。ですから、様々なことを知った上でなお、未知の刺激に敏感に反応します。季節の変わり目を迎えた植物は、花を枯らせて身を太らせたり、皮を固くしたり、葉を落としたりして、気温の変化に反応しながら自分を変化させていきます。

柔軟宮に属する人々は、状況の変化に強い、とされています。

不安定に揺れながらも、確実に変化を感じ取って、それに即応することができるのです。

乙女座は、柔軟宮の4つの星座のなかでも、五感と感性に優れた「地の星座」です。すなわち、自分の感覚にとても忠実であるため、ときに、とても頑固な印象を与えることもあります。

さらに、この繊細な感性に引きずられて、自分ではなにも決められなくなってしまったり、あるいは、ずっと迷ったままで他者に決定権を引き渡してしまったりする場合もあるようです。

ですがその場合においても、自分のセンサーは捨てません。

乙女座は目を閉じない星座、といえると思います。恋をしても、決して目をつぶりません。対象の欠点も弱さもすべてひっくるめて、その未来まで愛するのが、乙女座の愛です。

神話

乙女座の神話には諸説あります。

そのなかでもっともポピュラーなのは、女神アストライアのお話です。

昔、人間と神様は、地上で一緒に仲良く暮らしていました。しかし、時代を経るにつれて人間は、所有欲を持ち、互いに争うようになりました。

神々はそれに怒り、ひとり、またひとりと天に帰っていきました。ですが、女神アストライアだけは最後まで地上に残り、人々に正義を教えようとしました。

しかし最後には彼女も人間の愚かさに絶望し、天に帰って乙女座となったのでした。

彼女は、善悪をはかるための天秤を持っています。それがお隣の天秤座です。

天秤は「善悪」をはかります。でもそれを使う女神はどうでしょうか。

もし、この女神のなかにたしかに「善悪」が定まっているなら、天秤など使う必要はないはずです。女神が自分で判断できるはずです。

この「正義の女神」は、そう考えると、とても不思議な存在です。

善悪をはかる一番厳しい神であるはずなのに、人間の醜さに耐えて、最後までその可能性を見捨てずに努力しました。

さらには、手には、わざわざ「はかり」を持っています。

つまり、この女神自身は、物事を最初から決めてかかる存在ではなさそうなのです。


この神話のなかに、乙女座の本質がありありと現れているような気がします。

乙女座は、物事の善悪を、ルールから判断しようとはしません。現在の姿だけを見て判断することもありません。

あくまで、物事は個別に判断されるべきなのです。

たとえば、人間社会には法律がちゃんとあって、しても良いことと悪いことが決まっています。法律さえあれば、物事は簡単に片づくはずです。

でも、現実はそうではありません。ルールがあっても、それだけではだめなのです。たとえば裁判では、個別にどんなことがあったのか、詳しく調べます。生育歴や、そのときの健康状態や改悛の情など、様々な事情を考慮します。未来に更正の可能性があるかどうかまで、議論の対象となります。

そのケースごとに違っているバックグラウンドを議論し、未来の変化までを予測し、そこではじめて、「罪」が定まります。

これはとても乙女座的なプロセスだと思います。ルールがあり、論理があるだけでは、片づかないのです。人間は変化し、人間同士は千差万別の関係性でつながっています。そのつながりもまた、刻々と変化します。

それらは、計算だけではどうにもならないのです。

善悪をはかる天秤だけあれば善悪が決まるなら、正義の女神は必要ありません。

正義の女神のなかにある善悪が絶対的であるなら、天秤は必要ありません。

対話し考える女神と天秤、その両方が必要なのです。

彼女は天秤を持ち、それを読むだけではなく、愚かで弱い人間たちと、話を続けるのです。他の神様がみんな人間を見限っても、まだ見捨てずにその可能性を信じています。

人間が「変わる」存在であることを彼女は知っていて、そのために力を尽くしたのです。

乙女座の本質は、このイメージにぴったり重なっています。

スケッチ

8月24日～9月23日に生まれた方は、乙女座に太陽を持っています。いわゆる乙女座生まれです。境目の日付は年によってずれます。

マジメで分析好き、物事にとても細かく、批判的で、神経質。星占いに書いてある乙女座はだいたいそんなふうです。

感性が鋭くゆたかで、かつ、対象を見つめるとその対象にのめり込むように「知ろう」とするため、歯に衣を着せなくなるのが乙女座の特徴のようです。

普通なら自分が嫌われないように、ウソをついたり取り繕ったりするところを、乙女座の人はまず、相手のためになることを第一に考えて、欠点や失敗をずばりと突いてしまうのです。イジワルだからそうするのではなく、むしろ、優しく親身でありすぎるからそうなる、といえます。

感性がゆたかなため、自然と環境から得る情報量が多くなります。それらに敏感に反応するために、とても揺れやすい面を持っています。

ですが、そのような揺れやすさに自分でも危機感を感じているため、しっかりした土台をいちはやく手に入れようとします。若いときから手に職をつけたり、自分の生きる道をだいたい定めて、自分で自分を教育するのです。

物事をじつに詳しく見ていくため、人の批判をはじめると止まらないところがありますが、次の日にはその同じ相手を褒め称えることもできます。だれかを徹底的に嫌う、ということができないのが乙女座です。物事は複雑な、矛盾した要素でできていて、それらをすべて見て取ろうとするため、一面的に「判断」してしまわないのです。フツウなら、嫌いなところがあれば「あの人はいやな人だ」と断定し、それ以上その人のことを理解しようとしたりしないものですが、乙女座は違います。嫌いな面を持った人でも、どんどん探求し、好きな面をも見つけ出します。そして、状況に応じて、近づいたり遠ざかったりするのです。

これは、乙女座が器用だったり忘れっぽかったりするからそうなる、というのではありません。単に、その人のなかにある多様性や変化の可能性を認めているために、そうなるのです。これは、乙女座の持つすばらしい「公平さ」だと思います。

「部分」「要素」を詳しく見てそれを味わい、楽しむ能力は、ちょっと変わったものを愛する面を生み出します。グロテスクなものやブラックユーモア、キッチュなものなど、一般的には眉をひそめられそうなものに、不思議な魅力を見いだして夢中になります。

人をおもしろがらせたり驚かせたりするのも大好きで、穏やかで静かな印象を持っている割に、イベントのときは奇抜な仮装をしてみんなをびっくりさせたり、ときには面食らわせたりすることもあるようです。

驚かせる、おもしろがらせる、ということと通じるのですが、乙女座は「手応え」を求める星座です。相手に様々に働きかけ、その反応を見ます。この「反応」に、乙女座は深いやりがいや喜びを感じます。独りよがりの「アーティスト」や、自分の世界だけに住む「こだわりの仕事人」などにはなりたくないのです。かならず、自分のやったことによって相手が喜ぶ顔を見たいと感じるのが、乙女座の心なのです。

メッセージ

貴方は、とても敏感な人です。

ですからときに、その自分の敏感さに振り回されて、行き先を見失ってしまうことがあるのでは、と思います。自分の状況と相手の状況を詳しく分析しているうちに、なんのために分析しているのかわからなくなってしまうことも、あるかもしれません。

貴方は、貴方が愛する対象に対して、おおいなる集中力で「打ち込む」ことができる人です。まるでその対象に「なってしまう」のでは、と思うほど、自分の心を相手のほうに投げ出してしまうことができる人です。

その、無心に、無私になれる力は、ひとつの偉大な才能です。

ですが、ときどき貴方は、「貴方自身」にもどる必要があります。状況を分析し、相手を深く探検することは貴方の才能ですが、それは同時に、貴方自身を生かすための手段でしかないことも確かです。

本来、貴方にはとても「やりたいこと」があるのです。「実現したいこと」があるのです。

その「実現したいこと」は、だれかに与えるためのものかもしれませんが、あくまで、「貴方自身」なのです。

貴方が望むのですし、貴方が決めるのですし、貴方が生きるのです。

貴方はしばしば、それを忘れてしまうことがあります。

自分を投げ出しすぎて、自分を見失ってしまうのです。

才能は常に、諸刃の剣です。大きな才能は、大きなリスクをも意味しています。

貴方は、現実のなかで対象に打ち込む力を持っていますが、どうか、その力に振り回されないように注意してください。

行き先を見失い、途方に暮れたら、自分のおなかのなかにある一番大きなワガママを探してみてください。

貴方は、だれにも左右されない貴方だけの願いを持っているのです。

冒頭のたとえ話のなかにもありますが、そもそも、この主人公がこんなに頑張っているのは、自分のなかから自然発生的に芽生えた「望み」に忠実だからです。

貴方もまた、貴方の望みに忠実であってこそ、貴方の持ち前の才能が、いきいきと生きてくることになるのです。

対象に自らの心を投げかけつつ、折に触れて自分をその対象から取り返すこと。これが、敏感さゆえに疲れやすい貴方にときどき思い出していただきたい、疲労の回復法です。

天秤座

Libra

フェアリーテイル *Libra*

天秤座を、お話にたとえるなら、こういう感じです（お話は乙女座から続いています）。

彼女の父親の店を探し当てるのは簡単でした。通りで一番大きな店でした。まだあかりがともっているその店のそばで、目立たないように物陰に隠れ、じっと待ちました。

しばらくすると、下男を伴った商人が店から出てきました。彼らは幸い徒歩だったので、そっとあとをつけました。

数分歩いたところにある屋敷に着くと、お供をしていた下男が門の中に呼びかけました。すると、門がさっと開き、彼らは中に入りました。

塀の近くまで寄り、私は中をのぞき込みました。すると、高い声が、父親の帰りを喜んでいるのが聞こえました。それはまさに、彼女の声でした。

すぐに人々は屋敷の中に入ってしまいました。私は、そのまま帰るしかありませんでした。

次の日、まだ明るいうちに、私は仮病を使って職場をあとにしました。そして、彼女の家に行ってみました。すると幸運にも、彼女が庭に出ているのが見えます。私は声をかけました。

彼女は驚いた様子でしたが、私を思い出してくれました。彼女は、静かに、そこで待っているように、と手振りで私に知らせ、周囲に人目がないことを確かめると、すっと屋敷の中にひっこみました。

しばらく待っていると、後ろからひとりの女に声をかけられました。目深に帽子をかぶり、ヴェールで顔を隠しています。こっちへ、と言われるまま、彼女についてゆくと、人気のない倉庫の裏手にたどり着きました。

帽子を取って現れたのは、無論、あの少女でした。

私はあまり長くは出ていられないの、早く話して。

軽く興奮した様子で、彼女は私に性急に問いかけました。私は、ポケットからあの首飾りを出し、彼女に手渡しました。彼女はそれを静かに受け取り、でも、目は私の顔を見つめたままでした。

私は、彼女に会うためにここに来たこと、この町の店で働いていること、彼女が結婚するという噂を聞いて、とにかく会いたいと思ってここまで来たこと、などを手短に話しました。もとより、彼女の気持ちなど頓着していません。

あの、以前私のいた町で、半日ほど彼女を案内したというただそれだけのことで、私がここまで彼女を思いこんでしまったことなど、納得してもらえるはずはありません。かといってそれ以上の説明もできないままに、私はありのままを彼女に話しました。

彼女は私の顔をじっと見つめたまま、最後まで聞いてくれました。

そして、こう言いました。

結婚の話は本当です。このままゆけば遅くとも半年後には、式を挙げることになるでしょう。

私は本当は、迷っているけれど、父に逆らうことはできないし、どうにもならないでしょう。お寺にでも逃げてしまえばいいのだけど。

私は、彼女を見つめました。その大きな店の息子と結婚すれば、彼女は幸福になれるでしょう。

私にはどうすることもできません。

私はなにも持っていない自分に気がつきました。お金も、屋敷も、身分もありません。

さらには、「過去」さえ、ないのです。

彼女が不意に、私の腕をつかみました。

貴方は、私に会いにここに来たのね。

私は、そうだと答えました。そのためにここまで来たのです。

私は、私の休みの日を彼女に伝えました。彼女は少し考えてからうなずき、日を改めて、もう少し長くお話しできるように時間を作ります、とにっこり微笑みました。

その日から、私の生活はまったく変わってしまいました。

彼女と何度か、人目を忍んで会いました。そうするうちに、それが彼女にとっても私にとっても、非常に危険なことだということがわかってきました。

しかし、彼女はその危険を冒して、私に会いに出てきてくれました。私たちは何度か目立たない場所でこっそりと会い、互いの話をしました。

私は、このころ、仕事も相当に覚え、いつか自分の店を持ちたいという野心を抱いていましたが、それは単なる「夢」でしかありませんでした。

でも私には、「過去」がありません。ですから、未来

のことを語るより他なかったのです。私は自分の夢を、彼女に話しました。その野心は、自分のためでもあり、彼女のためでもありました。

彼女にふさわしい地位を、私は、心の底から望んだのです。

彼女は、生い立ちから今に至るまでの自分のことを簡単に話しました。彼女は一代で財をなした父の娘として生まれ、裕福な家で大切に育てられました。聡明で明るく、美しい娘でした。優しさと、行動力と、弾力に富んだ心を持っていて、知れば知るほど惹きつけられました。

いつしか、私たちは互いに、しっかりと心を通わせるようになっていました。


現実的に、彼女の末永い幸せを考えれば、私は身を引くより他はありません。

私は毎日、思い悩みました。彼女との絆が強まるほど、悩みは深くなりました。今の私には、彼女に結婚を申し込むだけの力はありません。まして、彼女の婚約者の経済的・社会的な力には、及ぶべくもありません。

悩んだ末、私は、一大決心を固めました。

彼女の父親である商人に、直談判に臨むことにしたのです。

もちろん、ムリは承知でした。父親に許してもらおうというより、彼女をあきらめ、彼女にもあきらめてもらうために、そうすることにしたのです。人目につかないところで話をするだけとはいえ、彼女が家族に黙って家を出てくるのにも限界があります。やがては噂も立つでしょうし、そうなれば彼女の名誉に傷がついてしまいます。私は彼女を深く愛するようになっていたので、どうしても彼女を守らなければ、というそのことが優先しました。これ以上彼女に危険を冒させることはできません。

彼女の父親は反対するでしょう。私たちは引き裂かれ、もう会えなくなってしまうでしょう。彼女は必死に、私を止めました。

でも、私には、もうどうすることもできなかったのです。胸が切り裂かれるように痛みましたが、彼女のためだ、と、私は自分で自分を説得しました。怒鳴られ、つまみ出されて、潔くあきらめるのだ。彼女を幸せにするには、それしかない。

私は彼女に頼みこみ、ある晩、彼女の父親と会えるようはからってもらいました。不意を突くかたちで、彼女が父親をだますようにして、ムリヤリに対面させてもらったのです。そうでもしなければ会うことなどできない相手でした。

当然、門前払いされました。嘲笑され、罵倒され、彼女もきつい叱責を受けました。

ですがこのとき、私は、彼女の決心がどれだけ固いか、まだ本当にはわかっていなかったのです。私は追い出され、彼女は部屋に追い立てられましたが、別れ際、彼女が目配せしてよこしたのに気がつきました。

このたとえ話は、このあと、蠍座のお話に続いてゆきます。
ひとまず、天秤座の段階はここまでです。

天秤座のしくみ

天秤座という星座は、ひとつの重要な「境界線」を担う星座です。
ホロスコープは円型をしています。この円のスタート地点は、円周上、時計の文字盤で言えば「9時」の場所、牡羊座がはじまる点です。この「牡羊座がはじまる点」に太陽が来る日、昼と夜の長さが同じになります。この日が「春分の日」です。春分の日は星占いの世界では「元日」に近い意味を持っています。

春分の日からだんだんと日照時間が伸びていき、「夏至」で最長になり、ここを境に、日は短くなっていきます。

そして、また昼と夜が同じ長さにもどるのが、「秋分の日」です。(図④)
天秤座は、秋分点からスタートします。
牡羊座では、生命力のカタマリ、個人の「核」のようなものが、矢のような勢いで「この世」に飛び出してきました。文字通りの「スタート」でした。
そこから円をちょうど半周した天秤座で、今度はなにが起こるのでしょうか。

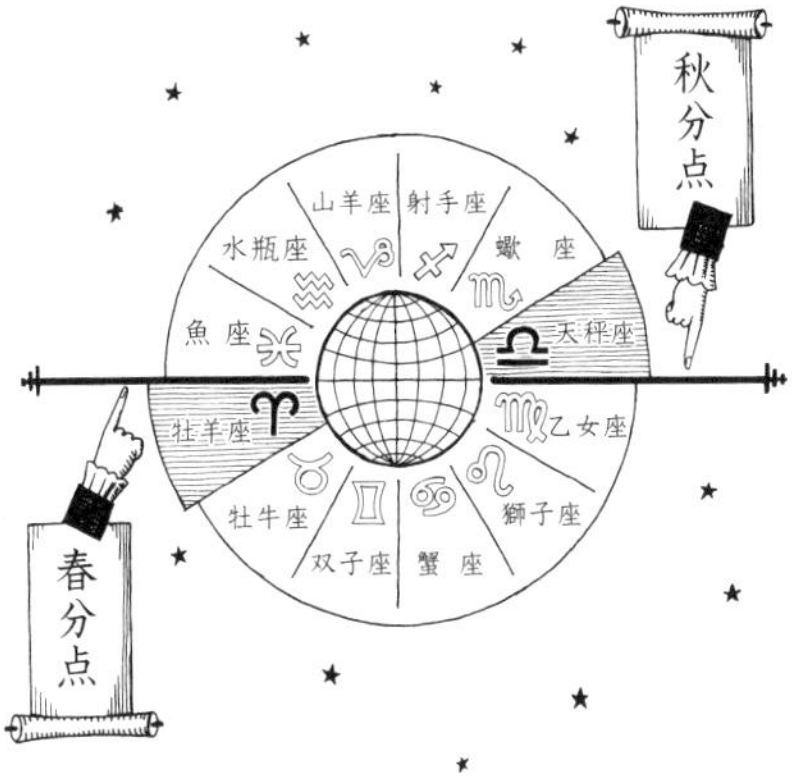

図④

天秤座も、ある種の「スタート」を扱う星座です。

ではなにが「スタート」するのかというと、それは「社会的人生」です。

牡羊座から乙女座までは、どちらかというと「家の中」にいました。自分のテリトリーにいる状態だったといえます。それが今度はいわば「社会人」として外界に飛び出していく、その入り口が天秤座なのです。

獅子座で「家」を飛び出し、乙女座では就労した主人公ですが、そこまではまだ「半人前」の扱いだったといえます。新しい町に行くにしても女将さんが面倒を見てくれ、仲介を頼って、まずは見習いとして就職しました。仕事を担っているとはいえ、まだまだ「修業」の段階が乙女座です。一人前として社会に出たわけではありません。なにも持たないむきだしの一個人としていきなり世間に出るのは困難です。ですが、なんらかの技術や専門知識、「手に職」があれば、ある程度スムースに世間に出られます。乙女座は、他人と直接関わる前に、まずその手だてとなる技術や手段を身につける世界でもあります。

これらの段階を経て、外に出る。

そんなしくみを担うのが天秤座です。

冒頭のたとえ話で、主人公は恋人に巡り会いました。すると自然に、その恋人を取り巻く「社会的関係」にも接触することになりました。

人にとって「社会」はそんなふうに、はじめは「ある特定の他者」の姿で現れます。そしてその人との関係が、自動的に彼らを取り巻く「社会」との関わりにつながるのです。

天秤座は「関係」を扱う星座です。

人は一人ひとり、自分の意志を持ち、生い立ちを持ち、環境と人間関係を持っています。

そういうものを個別に保った状態で、さらに、他者と一対一で関わり合おうとします。

単なる個々人の関わりのように見える場でも、その周辺に広がる見えないもの同士の関わりが自然発生的に生まれてしまいます。

たとえ話のふたりもそうです。個人として心が深く通じ合っているのに、お互いの立場と生きる世界は別々です。

このへだたりをどう調整し、確立するか、が、天秤座のテーマです。

天秤座はとても悩みやすい星座だといわれていますが、この主人公も相当悩んでいます。彼女の立場、そして自分と彼女の気持ち。こういう、相矛盾するもののなかで、それらを踏みつぶすことなく、なんとか「全体」として完成させようとするのが、天秤座の世界です。

＊＊＊

天秤座は、結婚や敵を扱う星座です。

結婚と敵ではなんだか逆のテーマのようですが、たとえば昔の政略結婚のようなシチュエーションを考えると腑に落ちます。利害の違うもの同士がそれをなんとか調整した上で、正式に「関わり」を完成させるのが、政略結婚です。

まったく異なるバックグラウンドを持った者同士が象徴的に「手を結ぶ」世界。ここでは、敵対と対話、そして調停と調和が、ひとつのプロセスとして描かれます。

人間と人間は、徹底的に違った存在です。

お互いに似ているところもあり、譲歩もできますが、自分の利益は守らなければなりませんし、その利害はときに侵害し合ってしまいます。

こちらには正義でも、向こうには悪でしかないということもあります。

立場を変えればひとつのことでもまったく違って見えます。

どんな諍いにも互いに言い分があります。どんなに仲の良い恋人同士でも、理解し合えない部分があります。

相手の心をぱかっと開けて直に触ることができたらどんなにいいか、と思うことがあります。どんなに近寄って、抱きしめ合っても、相手が本当はなにを考えているのか、知る術はありません。

この絶望的なへだたりを、天秤座は熟知しています。

個人と個人のあいだには、どんなに近寄っても越えられない溝があります。

人は、ひとりぼっちで生まれてきて、ひとりぼっちで死にます。

社会の中で、人間はとても孤独です。

天秤座の世界は、この「切り離された」状態を受け止めます。そのへだたりを理解しようとします。

自分と相手は到底、ひとつになることはできないのです。

その上で、天秤座は、相手と自分のあいだに横たわる溝に、橋を架けます。対話をし、なんとか調和しようとします。

思えば、人は不思議な存在です。自分を取り巻くものから飛び出したい、と願い、飛び出すのですが、飛び出した先ではかならず、だれかに近づき、関わろうとし、さらには融合しようと手を伸ばします。でもその距離が縮まるほどにまた、相手と自分の絶望的な断絶を発見するのです。牡羊座からスタートしてここにいたるまで、主人公は「出ること」と「入ること」を交互に繰り返しています。乙女座の世界では、この世間に「溶け込もう」としますが、天秤座の世界では他者と関わった末に、その断絶を発見し、苦悩します。

でも、ここではひとつの約束ができています。

物語のなかには書かれていませんが、「相手」がいるのです。

ふたりは心を交わし、自分の未来をそこに賭けようとしています。

社会的存在であるということは、自分だけの意志で物事が動くのではない、ということです。

主人公と少女のあいだに架かった「橋」は、一般には「愛」と呼ばれます。

人と人とは、徹底的に分断されていますが、それゆえに、人は愛や対話、友情や協力という「橋」

を架けようとします。

個別にアイデンティティを守ろうとする力と、融和しようとする力。

彼は、彼女に出会ったことで、社会的な力を得たいと望みます。個人としてこの世に自分の足で立ちたいと願います。

社会に出て、「他者」とそれが担うバックグラウンドに対峙したとき、人は自分がこの世において何者であるかを問います。他者を鏡のように見て、自分自身にその名前を問いかけます。

彼は「過去」を探しに出かけましたが、最初に見つけたのは「現在と未来」でした。

天秤座は「他者」と関わることをテーマとしていますが、それは他律的であるとか、他者に依存して生きるとかいうことを意味してはいません。

あくまで、他者と関わる己の力、己自身の生き方を取り扱っているのです。

＊　＊　＊

「あまりにも遅すぎる、しかし別のやり方ではできないのだ。同時にやらねばならぬことがたくさんある。口も眼も鼻も耳も額もすべて一つにつながっている、片方の眼をやろうとすれば、もう

片方の眼に引っ張られる、他のものに引かれるのだ」（『ジャコメッティ』みすず書房／矢内原伊作）

天秤座の彫刻家、アルベルト・ジャコメッティが、制作の最中に漏らした歎息です。彼のモデルとしてポーズをとり続けた文学者、矢内原伊作は、ジャコメッティとの対話を本にまとめました。この本からは全編を通して、ジャコメッティの「完成」に対する飽くなき探求心が痛いほど伝わってきます。「眼に見えるものを見える通りに実現すること」。これがジャコメッティが目指した「完成」です。

彼は決して「これで完成」と満足することはありませんでした。「うまくできない」「不可能だ」「畜生」と叫びながら、苦悩に苦悩を重ねて仕事をし続けました。ジャコメッティが「顔」という非常に複雑な「全体」を、全体そのものとして完全に表現したいと考え、その全体としての完全性にたどり着くまでは決して満足しなかった、というこのエピソードは、きわめて天秤座的なもののように、私には感じられます。

「完璧主義」という言葉は他の星座を語る際にも用いられますが、12星座中でもっともこの言葉がしっくりくるのが天秤座です。天秤座は、ものごとを「要素同士の関わり、その全体」としてとらえます。さらに、その全体がきちんと整理され、統合されていることを望みます。

要素同士は、互いに関わり合いながらも、独立した事象です。

本来溶け合わない、独立した個の存在が、互いに細い糸で引っ張り合いながら「全体」を形成している、というこの世界観は、天秤座特有のものです。


彼のモデルになった人は、他にも何人もいます。

でも、彼が矢内原伊作にかけた時間と情熱は、突出していました。

文字通り一日中、矢内原はポーズを続け、ジャコメッティはそれを描き続けました。この一対一の、対決ともいいたいほどの「仕事」を、ジャコメッティは「前人未踏の、世界最大のアヴァンチュール」と表現しました。

「アヴァンチュール」とは、直訳すると「危険な冒険」です。

ひとりの人間とひとりの人間がまっすぐに向き合って対決する、このことは、天秤座のもうひとつのテーマです。

彼らのあいだには、きちんとした境界線が引かれています。

ジャコメッティは画家で、矢内原はモデルです。

この取り決めによって、彼らはまったく別々の立場を明確に定義され、その立場を背負っています。

立場の違いは、ふたりの人間をへだてます。しかし、彼らはそのへだたりの上に、コミュニケーションという橋を架けます。

お互いの立場にたしかに立った上で、対話をし、関わり、そこに何かもうひとつのものを生み出していきます。

こんな構図も、天秤座の世界をよく表現しているように思えます。

神話

天秤座は、乙女座の神話とつながっています。

乙女座に象徴される女神アストライアが手にする天秤が、天秤座です。

この天秤は、諍うふたりを左右の皿にそれぞれのせると、悪いほうが下がり、罪のないほうが上がる、というしくみになっています。このアストライアの「裁判」は常に正確だった、とされています。

正義の女神ならば、正義は彼女のなかにあり、わざわざ天秤など使う必要がないように思えます。

さらにいえば、罪は「正義」に照らすべきであって、諍うふたりを比較するなど少々奇妙にも思えます。

すなわち、天秤座の世界に象徴される「バランス」は、とても相対的なのです。「絶対的な正しさが存在し、それに反するものが悪である」という考え方は、天秤座の世界には存在しないのです。人それぞれにリクツがあり、利害があります。それ自体にはイイも悪いもないのです。人と人とが出会ったとき、そこに諍いが生まれます。それは、お互いの利害が一致しないからそうなるだけであって、それは天秤ではかって「どちらが重いか」と考えてみなければならないような、あやふやなものなのです。

ある立場から見れば正しいことでも、ある立場から見れば間違っている、ということがあります。ある場合には正しい行動でも、他の場合には適さないことがあります。

戦争中は、敵を殺害すればするほど「名誉」が得られますが、平時に人を殺せば犯罪者として「汚名」を背負うことになります。

天秤座の世界における「正義」には、そうした性質があります。

常にその場にいる人たちのあいだに、正しい道筋を探そうとするのが天秤座です。

そこには、普遍性や絶対性ではなく、相対的な「はかり」が働いています。

天秤座は「優柔不断」と称されることがありますが、それは、このような世界観のためなのかもしれません。

スケッチ

9月24日〜10月23日に生まれた方は、天秤座に太陽を持っています。いわゆる天秤座生まれです。境目の日付は年によってずれます。

バランス感覚に富み、優柔不断であり、社交的で、審美眼に優れる。多くの占いの本で、天秤座はこのように表現されています。

実際には、「社交的」とはいえない人も多いようですし、その言動には優柔不断さよりも、断定的な傾向が見て取れます。

ですが、「あれこれ考えて、正しい答えを出そうとする」という点においては、だいたい一致しています。思考と論理を重んじ、公平さを優先するのが天秤座の人です。

人と人とは違っているのだ、ということが、天秤座の前提にあります。

ですから、そこで「公平さ」を考えるには、相手の言い分をよく聞かなければなりません。天秤座は、じつによく他者を観察します。乙女座も分析眼に優れますが、そこには感覚や感情が深くしみこんでいます。天秤座の「観察」は乙女座のそれに比べると、とてもドライでクールです。乙女座の分析が「肉迫」しているのに比べ、天秤座は対象から少し距離をおき、おだやかに微笑しながら観察するのです。天秤座にとって、その観察対象は常に「自分とは離れた場所にあるもの」です。さらにいえば、天秤座の観察は、相手を「定義」するためのものです。そこに関わりを作るということは、自分と相手の関係性を「確定」させるということです。天秤座の管轄に、「契約」があります。契約とは、紙にお互いの関係を詳しく記述し、それにお互いが同意するという行為です。関係を定義し、役割を決めてしまうのです。ここでは多くの場合、お互いに「名前」がつきます。雇用者と被雇用者、借り主と貸し主、妻と夫、甲と乙。関係性を定義する名前をつけることによって、その距離と絆の両方が「決まる」のです。

相手を観察し、交渉し、距離を決めて振る舞うため、天秤座の態度はとても安定的です。その安定性が「社交的」と称されます。「ここから先には踏み込まない」と最初から決めてしまう人もいます。天秤座は、相手への態度を、イイ意味でも悪い意味でも、あまり変えないのです。ある距離をまず決めてしまい、そこから相手を観察し、定義し続けます。関わりはある枠組みのなかで行われます。悪くするとこの傾向は、表面的な関わりに終始してコミットしない、という薄っぺらな人間関係を生み出します。ですが、よく鍛え抜かれた天秤座の力は、しっかりとしたコミットを責任持って築き上げることを可能にします。人間関係における誠実さと愛情を、もっとも強いかたちで実現できるのが天秤座の力です。

天秤座の人は審美眼に恵まれ、ファッション感覚に優れるといわれます。「美」という概念と強い結びつきを持っている星座です。

一方、「美」と関係の深い星座はもうひとつあります。それは、牡牛座です。

このふたつの星座の違いを考えると、天秤座の特徴がハッキリ見えてきます。

牡牛座の「美」は、快さやそれそのものの美しさです。ですから、全体的なバランスはしばしば、無視されます。かわいらしいものをとにかくいっぱいに身につけたり、同じようなものをいくらでもコレクションしたりするのが牡牛座的な「美」です。素材や手触り、味わい、色合い「そのもの」を愛します。

一方、天秤座はそうではありません。天秤座は、全体としての調和を重んじます。頭のてっぺんからつま先までの全体を完成させるために、服はもちろん、靴やアクセサリーに至るまでの一つひとつを「組み合わせるための素材」と捉えます。奇抜な格好をしていても、その奇抜さは全体としてひとつの思想に貫かれ、全体としてひとつのイメージを生み出します。

牡牛座の美が「絶対的」なら、天秤座は「相対的」なのです。他のものとの関係性によっては、キッチュなものも見事な洗練を生み出す素材となります。デザイン、コーディネート、コラボレート。天秤座は、人や物事がそれ単体では存在していないことを熟知しています。個体と個体を組み合わせたとき、そこに生まれるもうひとつの「効果」、その橋、その愛、その連携が、天秤座がスタートする前提であり、ゴールとなる場所なのです。

メッセージ

「決める」ことは、天秤座にとって重要なテーマです。物事を観察し、そこからなにかを「決める」。比較し、判断し、定義します。

天秤座はなかなか物事を決めることができない星座といわれていますが、それは単に「プロセス」であるだけで、本来は他のどの星座よりも「決める」星座です。

考え、迷うことと、決めること。このふたつは、非常に難しい作業です。

結論という出口が見つからない状態でねばり強く闘うことが「迷う」「悩む」という行為です。迷うことは苦しいことです。

一方、「決める」こともまた、苦しみを伴います。なにかを決定するとき、いくつかのことを切り捨てたり、あきらめたりしなければならないことが多いからです。

このふたつのテーマは人を苦しめます。ですから、だれでもそのテーマから逃げ出したくなることがあるのは、当然なのです。

しっかりと悩み考え抜くことから逃げて、安易な決定にとびつき、切り捨てるべきではないものを切り捨ててしまうことがあります。

決定という責任から逃れ、問題をいつまでも先送りにしたり、だれかに決定権を押しつけてしまうこともあります。


天秤座はどういうわけか、この「考えて決める」という場に何度も遭遇します。そういう立場に立たされるのです。そのとき、この「逃げる」誘惑が貴方を襲います。

どちらの「逃げ」も、一見正しそうな論理で美しく飾ることが可能です。悩みから逃げて決めてしまうのは「潔く」見えますし、だれかに決定権を押しつけるのは「謙虚さ」「控えめ」といえなくもありません。

でも実際は、そうではありません。

悩む苦しさ、決める苦しさから逃げたくなったとき。あるいは、自分で決めたことが間違っていたことに気づいても、それをなかなか認められないとき。

そんなとき、まずは大きく深呼吸してください。

天秤座は「正義」の星座です。正義をはかる天秤は、いつもぐらぐらと揺れています。女神という、人間には推しはかることのできない心を持った存在の手に握られ、固定されていません。

なぜ固定されていないのでしょう。それは、人間も、関係性も、環境も、すべて時間軸の上では変化していくものだからです。

貴方が拠って立つのは、全体のバランスです。でも、そのバランスを「バランスしていて美しい」と判断させるのは、貴方の心のなかにある審美眼です。その審美眼は、誇り高さと愛でできています。

物事を判断しかねたとき、なにかから逃げ出したくなったときは、立ち止まって、貴方の支柱を思い浮かべてください。天秤も女神の手もあやふやです。でも、女神の心には、状況がどう変わろうが、人間がどう変わろうが、決して変わらないものが存在します。それがあるからこそ、貴方はなにかを美しいと感じ、悩み闘って決断することができるのです。

貴方が生まれながらに持っている誇りと愛が、その支柱です。

蠍　座

Scorpio

フェアリーテイル

Scorpio

蠍座を、お話にたとえるなら、こういう感じです（お話は天秤座から続いています）。

予期し、なかば意図したこととはいえ、彼女と引き裂かれたのは痛恨でした。悲嘆をこらえながら、私は必死に仕事に打ち込みました。ですが数週間経っても、いっこうに喪失感は消えませんでした。

そんなある日、私あての手紙を持った少年が店を訪れました。開けてみると、彼女の母親からの手紙でした。今夜、夫が留守なので、ひそかに家を訪ねてくるように、と書かれていました。

その夜、私は彼女の家を訪れました。門番はすぐに門を開けてくれました。居間に案内されると、美しい婦人が立っていました。彼女と同じ黒い瞳、黒い髪をしていました。憔悴した様子で、私を見るとすぐに、娘のことを話し出しました。

彼女は今、町外れの寺院に預けられているのでした。私と引き離されたあと、厳重な見張りの隙をついて家を抜け出し、そこに駆け込んだのだそうです。自分の要求が聞き届けられなければ神様のもとで暮らす、と言っているとのことでした。要求とはすなわち、私と結婚することでした。

父親は怒りながらも途方に暮れ、母親は毎日のように彼女に会いに行くけれど、会ってくれるのは3日に一度程度、それも非常に短い時間しか話はできず、父親同様途方に暮れているのでした。彼女の母親に会うのはもちろんこれがはじめてでしたが、とても愛情深い人のように見えました。

私は、自分には家も財産もないこと、でも彼女をとても大切に思っていること、だからこそ、身を引く決意で先日、彼女の父親とムリを承知で会見したことを明かしました。

彼女の母親は、私の話を、少し驚いた様子で聞いていました。そして、しばらく沈黙したあと、私の身の上についてあれこれ問いかけました。私は、もといた町の宿屋の息子であること、今は近くの店で働いていること、将来は店を持ちたく思うが、それは夢でしかないこと、などを話しました。

さらに沈黙があり、そのあと、母親は少し明るい顔で「わかりました、ありがとう。少し主人と話してみましょう」と言いました。

帰り際、私は用意してきた2通の手紙を渡しました。彼女と、彼女の父親への手紙でした。彼女の母親は、できるだけ渡すようにする、とうなずいてくれました。

数日後、私のところに、彼女の父親からという使いが訪れました。夕刻、屋敷に来るように、と言うのでした。私が出向くと、彼女の両親がそろって出迎えてくれました。

当然、父親は怒りを帯びた口調でしたが、最初に会ったときの激昂は影をひそめていました。母親は微笑を浮かべ、私を見ていました。

父親はまず私を叱責し、娘のしたことを簡単に説明しました。父親は、母親を通じて彼女と交渉し、ついに彼女の強情に折れたのでした。彼は結婚の条件として、向こう3年以内にあるまとまった額の金を作ることを要求しました。それができるなら、彼女との結婚を許してくれるというのです。今なにも持っていないのは仕方がない。でも、娘を幸せにするだけの力があると証明するなら、許してやってもいいだろう。もしそれができないのなら、娘は親の決めた相手と結婚するしかない。自分の商売にとってもこの約束が延期になったり破談になったりするのは大きなマイナスだが、娘の意向があれだけ固い以上、もはやどうにもなりはしない。父親はそう言いました。

ちょうど今、彼女の兄が新しい支店を出そうとしていて、この店のことが落ち着くまで娘の結婚は少し待ってもらえないか、と婚約者の一家に交渉したところ、ふたりともまだ若いことだし待ちましょう、と快諾されたということでした。

もし、お前が3年のうちにそれだけの金を作ることができたら、娘をやろう。娘が病にかかったということにして破談にしてもいい。これ以上長くこの状態が続けば、娘の家出が世間に知れてしまうし、それだけは避けたい。この条件に娘も同意した。やってみるか、と私は聞かれました。

おそらく、父親は3年の月日のなかで、私の気持ちも彼女の気持ちも変わると考えたのでしょう。私がその額の金を作ることは、だれが考えても不可能なことでした。

しかし。

聡明な彼女はそれと知りつつ、あえて私を信じて、私にその人生を賭けてくれたのです。どうやれば実現できるかわかりませんでしたが、愛情深い両親の意志に背いてまで私にすべてを託してくれた彼女の

思いを、裏切るわけにはいきません。
私は、しばらく彼女の両親を交互に見つめてから、かならず3年のうちにその額の金を作ってみせる、と約束しました。

彼女の家を辞して、自分の部屋までもどると、そこでだれかが待っていました。よく見ると、以前いた宿屋の仲間のひとりでした。疲れ切った様子で、私の顔を見ると飛びついてきました。聞けば、私を迎えに来たのだ、というのです。

宿屋の親父さんが急に、病気で亡くなったのでした。それで女将さんが、私にひとまずもどってきてほしいといい、頼まれた彼が私を迎えに来たのでした。

女将さんはあんたをすごく頼りにしているし、俺たちじゃどうにもならないから、一緒に帰ってくれないか、と彼は言いました。

その晩は彼を部屋に泊め、翌朝、出勤してお店の主人に事情を話しました。主人は、親父さんを私の本当の親だと思っているので、しばらく里帰りできるほどの休暇をくれました。

主人は私を深く信頼し、気に入ってくれていました。あの宿の親父さんと同じように、私を息子のようにかわいがってくれました。過去のことがなにもわからないのに、だれもがこうして不思議と親切にしてくれます。私は自分が恵まれていることを感じつつ、深く感謝し、かならずその日数でもどってくることを約束して、古巣に向かいました。

大急ぎの道中はひどく疲れましたが、女将さんの気持ちを思うとどうしても気が急きました。帰ってみると、宿は閉まっていて、女将さんひとりを残して皆、いなくなっていました。なにもいわずに手を取ると、女将さんはぼろぼろ涙を流しました。よく帰ってきてくれたね、あの人は死んでしまったよ、と言いました。私は、その辛い瞬間にそばにいてあげられなかったという後悔で胸が張り裂けそうでした。

親父さんは本当に急に亡くなったのです。調理場で倒れて、2日ほど患い、それだけで逝ってしまいました。女将さんは葬儀と商売の後始末に駆け回り、それが一段落すると、従業員たちに新しい職を見つけるため奔走しました。そしてそのあと、たったひとりで私の帰りを待っていたのです。

女将さんと私は、長い話をしました。私がいなくなって、親父さんはとても寂しがりました。息子みたいに思っていたんだよ、と女将さんは言いました。

それでね、この店の権利と、わずかばかりだけど、貯めたお金があるんだよ、死に際に、それをあんたにやりたいって言うんだよ。私の分はちゃんとあるし、ひとりでも暮らしていけるようになってるから大丈夫、昔お世話になっていたうちにもどれることになったからね。今までよりむしろ楽なくらいなの。それで、あんたはあんたの取り分を遠慮なくもらってくれればいいんだよ。店の権利もだれかに売れば、ちょっとした額になる。あの人がそうしたいって言ったんだから、ちゃんと、あんたのものなんだからね。

ちょっとした額。親父さんが私に残してくれたものをすべて足し上げると、彼女の父親が結婚の条件として提示した金額の、ほぼ半分になるのでした。

このたとえ話は、このあと、射手座のお話に続いてゆきます。

ひとまず、蠍座の段階はここまでです。

蠍座のしくみ

たとえ話のなかで、主人公はふたつのものを失いました。

ひとつは、彼女との関係です。父親はひとつの条件を出してきましたが、これは拒絶に近い内容です。客観的に見て、希望はほとんど持てません。さらに彼は、もはや彼女とこっそり会うこともできなくなっています。彼女は彼から物理的に取り上げられてしまったのです。

その上、彼は恩人である宿屋の親父さんと、帰っていく場所をなくしてしまいました。自分を守ってくれた人を亡くす、これは痛恨事です。

彼にとって大事な関係がふたつも、一挙に失われてしまいました。

これはもちろん「作り話」です。ですが、はたして現実にこういうことはあり得ない話でしょうか。私は、そうでもないと思うのです。

私は日々、様々な悩みを訴えるたくさんのメールを受け取ります。

その内容のほとんどは、ご想像の通り、恋愛と仕事にまつわる悩みです。さらには、家族に関することや友人関係、健康問題、お金のトラブルなどもあります。

そのなかにはしばしば、ご相談の内容がひとつではなく、複数にわたるものがあります。恋も仕事も家族のことも、一気にうまくいかなくなりました、というメールが、意外に多いのです。どうして私だけがこんな目にあうのかしら。霊でもいるの？　という悲痛な訴えは、決して珍しくないのです。

物事は人生のなかでまんべんなくバラバラに起こるようでいて、じつはそうでもありません。

どうも「なにもかも一気に起こる」ということは、よくあることのようです。このたとえ話の主人公のような体験をされた方も、読者のなかにいらっしゃるかもしれません。

彼は、大きな喪失に見舞われました。

ですが同時に、ふたつのものを受け取りました。

そのひとつは、彼女の未来です。彼女は自分の意志として、自分の将来を彼に託しました。おそらく、父親の出した条件をまっとうできなかったなら、彼女は尼となるか、死を選択するかもしれません。強い意志を持った、行動力に富む彼女のことですから、心に沿わないことには決して従わないでしょう。

もうひとつは、宿屋の親父さんが残した財産です。

貯金、家財の一切、店の権利。これらは、親父さんが人生のすべてをかけて築き上げたものでした。いわば、親父さんの生きた証です。

彼は、ふたりの人間との関係を、物理的には失いました。

しかしその結果、彼はそのふたりの人生そのものを、受け取ることになりました。

その重みや決心の価値は、彼とその相手にしかわかりません。

はたから見れば、彼と彼女は決定的に引き裂かれただけですし、親父さんは死んで、あとにはなにも残りませんでした。

でも、彼のなかにはそれが引き継がれました。

彼がそれに命を吹き込むなら、まったく別のかたちで、彼らの人生はよみがえります。でも、彼がもし、あきらめてしまうなら、それらの命は、文字通り、失われてしまうでしょう。

蠍座の世界には、このような構造が仕込まれています。

本当に大切なもの。失われるものと、失われずに受け渡されていくもの。「命」の本質は、ただひとつの個体が生まれて死ぬまでのあいだに限定されてはいないのです。人間同士の密接な関係のなかで、それはバトンのようにリレーされていきます。

星占いの教科書のなかで、蠍座の受け持つテーマとして、次のようなものが挙げられています。相続、遺伝、死、性、他人の財、保険。

冒頭から述べた「しくみ」がここにありありと現れているのが、おわかりいただけると思います。

天秤座の世界での「関係」は、「契約」です。

それは、紙に書くことが可能です。人に説明すればすぐに理解してもらえます。「夫婦」や「子会社」や「友だち」など、関係には明解な名前がついていて、役割分担もハッキリしています。みんなが見たとおりの関わりが、そこに結ばれています。

蠍座の段階は、「そのあと」です。

天秤座で決めたルールを守ろうとしたときに起こってくることが、蠍座のテーマです。結婚すると、夫婦が一組できあがります。結婚式はだいたい、似たり寄ったりです。ですが、「夫婦」となると、千差万別です。夫婦のことはそのふたりにしかわかりません。激しくののしり合いながら、一生を添い遂げてしまう夫婦もありますし、うまくいっているように見えるのに、浮気や借金などの特別な理由もなく、ふっとすぐに別れてしまうカップルもあります。ふたりのあいだで起こることは、そのふたりにしかわからない、といわれる所以です。

夫婦のあいだには、いったいなにが起こっているのでしょう。

それを言葉で説明するのはほとんど不可能と思われますが、あえて考えてみますと、おそらく冒頭のお話からずっと触れてきたような「贈与」が行われているのだろうと思います。この「贈与」は、「生活に必要なものを差し引いて、あまった余裕の部分を贈る」のではありません。自分の人生、自分の命全体を、相手に投げ出してしまうのです。

夫婦関係では、肉体の交渉があります。子どもができますし、稼ぎはシェアされます。お互いがお互いのために働き、家事をし、お互いの両親や親戚と関わることを余儀なくされます。時間も労力も獲得したものも、その多くを互いに提供し合います。ここでは「ギブアンドテイク」の前提になるような「計算」が成り立ちません。人の命、生きている時間の価値を計算するなんてできるでしょうか。ふたりのことはふたりにしかわからない。

お互いをお互いの前に投げ出してしまうような関係において、そこで語られる言葉の意味や交換されている価値は、当人たちにしかわかりません。

その人たちがいくら自らのことを他人に説明しても、だれも本当には理解できないでしょう。

夫婦関係にたとえましたが、蠍座の世界はこのような「そこにいる人にしかわからないこと」で満ちています。

その現場で、その立場で、その関係性のなかでしか語られないこと、見えない真実を、蠍座は取り扱う星座なのです。

そこでは、善悪の判断やものごとの善し悪しが、客観的には確定しません。

すべて当事者の主観で決まります。

一般には醜いといわれることも、ある人にとっては美しいものと位置づけられることもあります。

一般には価値のあるものでも、ある人の手のなかでは無価値となってしまうかもしれません。

世間一般の価値観ではなく、蠍座はその関係のなかにある「本当に大切なこと」だけを重視します。

これは、人と人の関係のみならず、物と人、テーマと人、仕事と人、組織と組織、なんでもそうです。

存在と存在が関わったときに、どうしようもなく起こる「融合」とそこから生まれる「もうひとつの真実」。

これが、蠍座が見ている世界です。

＊＊＊

「同じような罪を犯しているものは数多くおるが、みながそれぞれ自分の良心を守って平穏に暮し、若き日の避けがたいあやまちとさえ考えている者もいる。……（中略）……この世界は、そうした醜悪事に充《み》ちみちておるのです。ところがあなたはその深さを感じとられた。そして、これほどまでに深くということはめったにあることではない」

（『悪霊（下）』新潮文庫／ドストエフスキー／江川卓訳）


蠍座の文豪、ドストエフスキーの「悪霊」のなかの一節です。

自分のかつての罪を赤裸々に告白したニコライに、チホン僧正が投げかけた言葉です。

ドストエフスキーにはそのものズバリ「罪と罰」というタイトルの作品もあります。ここでもやはり、主人公の犯した「罪」がテーマになっています。

「罪」は、人間社会においては「否定されるべきこと」を意味します。やってはいけないことであり、ありうべからざることです。本来「ない」はずのことなのです。ですが、この世の中には罪があふれています。

大きな罪もあれば、小さな罪もあります。一生かかっても償えないような罪もあれば、わずかに胸が痛んだだけですぐに忘れてしまえるような罪もあります。だれもがちょっとした罪を犯したことがあるのではないかと思います。

大きな罪を犯すと、人は刑務所に閉じこめられます。死刑になることもあります。

つまり、社会から隔離され、隠されてしまうわけです。

向こうからこちらが見えなくなるのと同様、こちらからも向こうが見えなくなります。罪は塀の向こうに覆い隠され、わたしたちは何事も起こらなかったかのように暮らし続けます。

この社会では、塀の向こう側にあるのが「罰されるべき罪」で、塀のこちら側のわたしたちは「罪なき人々」です。小さな罪はあるかもしれないけれど、塀の向こう側に隠されるほど悪いことはしていない。わたしたちは大きな罪を犯した人間ではないのだ。それが日常的な感覚です。この感覚により、わたしたちは安心して生活しています。

でも、本当にそうなのでしょうか。

ドストエフスキーは、罪をじっと見つめます。罪を犯した人間やそれを取り巻く人々を見つめます。彼は様々な罪を描きます。隠蔽されている罪を壁の向こうから取り出して、それを人々の目の前におき、詳しくそのナカミを腑分けしていくのです。

このまなざしは、非常に蠍座らしいものに思えます。人々が安逸に暮らすためにあえて隠しておいたものを、蠍座の人は取り出して見つめてしまうのです。そこに人間の本質があり、問題の根源があるからです。

ちなみに、この引用部は、小説「悪霊」の本編中にはありません。

この部分が含まれる章を、ドストエフスキーは作品の中心に位置づけていたのですが、編集長がこの部分の掲載を断ったため、長いあいだこの章の原稿は行方不明だったのです。この「中心部分が公表できずに隠されていた」というあたりも、いかにも蠍座らしいエピソードです。

本当に大切なことは、いつもなんらかの理由で、すぐには受け入れがたいのです。

しかし蠍座はあえて、そこに取り組む星座なのです。

神話

蠍座を象徴する「蠍」は、ギリシャ神話の様々な場面に登場します。

そのなかでも有名なものをふたつご紹介しましょう。

ひとつは、太陽神アポロンの息子、パエトーンの物語です。

彼は父親が駆る太陽の馬車をひとりで操ってみたい、と申し出ました。彼がアポロンの息子であることを疑う者たちに、自分が正真正銘、太陽神の息子であることを、馬車を御することによって証明したかったのです。アポロンは渋りました。この馬車を曳く馬は気性が荒く、彼でなければ御せません。ですが結局、父は息子に押し切られ、パエトーンは太陽の馬車に乗り込みました。

太陽の馬車はすばらしい乗り心地で、勢いよく突き進みました。しかし途中、大きな蠍が馬の足を突き刺し、馬は荒れ狂って暴走をはじめました。これを見た大神ゼウスは、太陽の軌道が乱れるのを止めるため、パエトーンに雷光を打ち当てて殺してしまいました。

もうひとつは、猟師オリオンの物語です。

オリオンは自分の腕を誇り、「どんな動物も自分の腕にかかればひとたまりもない、自分は比類ない猟師だ」と自慢しました。

この増上慢に怒ったのが、大地の女神ガイアでした。自分が動物を与えているからこそできる猟であるのに、そのような思い上がりは断じて許せません。彼女の手によって放たれた蠍は、オリオンを一刺しで殺してしまいました。

このふたつの物語に共通しているのは、「自分には力がある」と思っている人たちが、蠍の小さな針の一突きに命を落とす、という点です。

己の力を過信し、思い上がったとき、蠍は静かにそばに来て、その小さな身体でちょっと彼らに触れます。すると、彼らはひとたまりもなく倒れてしまうのです。

このふたつの物語は、人間の肉体の限界や神の恩寵、暴走する馬に対する無力など、その人たちが持っている本来の「弱さ」を暴く物語です。

人はだれもが、弱い部分を持っています。

弱さは、できれば隠しておきたいものです。人は他者に対して自分の力を誇ります。

自分を自分以上に良く見せようとしますし、さらには、自分でも、自分の力を過信しています。

タテマエ、ペルソナ、見かけ倒し。

蠍座はそんな上っ面を、鋭い洞察力をもって取っ払ってしまうのです。相手の本来の弱さをむきだしにさせてしまうのです。どんなに強い肉体を持っていても、どんなに偉大な者の息子であっても、その実体は、儚くて脆い弱さのなかにあるのです。

そんな命の本性を暴くのが、蠍座のしくみです。


もし、パエトーンが、自らの力と父の力を混同せずにいたなら。

もし、オリオンが、大地の女神を尊敬し、自分の人間としての限界を悟っていたなら。

彼らは人間としてとても美しかったでしょうし、恩寵を得ることもできたでしょう。

人が自らの弱さを認めることは、敗北ではなく、むしろ勝利を意味することなのです。

蠍座の洞察は、その人が本当の勝利を手にするための知恵を授けてくれる力である、といえるかもしれません。

スケッチ

10月24日〜11月22日に生まれた方は、蠍座に太陽を持っています。いわゆる蠍座生まれです。境目の日付は年によってずれます。

星占いの記事で「蠍座」のページを見ると、たいていは秘密主義でセクシーで、洞察力と集中力に富む、と書かれています。

本質を見抜いたとき、その本質が隠されている理由にも気づくため、蠍座はそれらを語ろうとしません。人は、むきだしのものを「セクシーだ」とは感じないようです。隠されていて、すきまからちらりと見えるものに興奮する生き物です。ですから、蠍座の「秘密主義」と「セクシー」は、その「本質を見抜いて、本質が本質だからこそ隠す」という傾向から来ているわけです。

一方、「言ってはいけないことをつい、言ってしまうのです」という蠍座の方も大変多いです。問題の本質や矛盾の存在は、蠍座の人にとって「隠しておくべきタブー」ではありません。ですから、みんなが必死に隠しているようなことを、平気で指摘することができるのです。

セクシーな人、というと、短絡的には露出度の高い服装などがイメージされますが、蠍座の「セクシー」はむしろ、喪服や男装のようなセクシーさです。くまなく隠してあるがゆえに、相手はその内側を少しでもかいま見たいと思うのです。この「少しでも見たい」という意欲を喚起する力がすなわち「セクシー」なのです。

蠍座は、他人に軽々しく自分の話をしたりしません。人がセキララに自分のあれこれを開陳しているのを見ると、首をかしげたりします。

ですが、ひとたび親しくなると話は別です。

どこまでもオープンで、人が変わったように自分のことを話し出します。

この、秘密主義と親しい人への態度のギャップが、蠍座は非常に大きい星座です。

蠍座の人は、なかなか相手に本質を見せようとしませんし、人を信じようとしませんが、ひとたび信用してしまうと、相当裏切られても、なかなかその人を手放そうとしません。

幼い状態の蠍座は、強い支配欲を持っています。

相手を意のままにしたい、自分と同じ気持ちを持ってほしい、自分とふたりだけの世界にずっといてほしい、と願い、その通りに行動します。

自分と相手を融合させるほどの強いパワーは、年齢が上がるにつれてだんだんに制御され、必要な場面でだけ、使われることになります。

自分と他者が融合する、という特別な体験は、性的体験だけにとどまりません。様々な場面で、自分以上に他人を思ったり、まるで相手になってしまったかのように献身したりする力が生かされます。

そんなとき、蠍座は、その接する相手に不思議なパワーを与えます。

もうなにもかもだめだと膝をがっくりついている人に、不思議なやり方で、立ち上がるための力を分け与えることができます。

それは、元気づけるのでも励ますのでもありません。

共感することとも、もしかしたら、違います。

その方法は、言葉で説明できるようなものではないのです。

蠍座の人にしか実現できない、不思議で根元的な、すばらしい行為です。


蠍座の人は、年齢が上がるにつれて、とても深い感情を持つようになります。

「深い感情」というのがどんなものなのか、言葉で説明することはとても難しいのですが、「相手の本当の姿に触れる力」とでもいえるかもしれません。

人は、弱さと強さを併せ持った存在です。ずるさや傷を、だれもが持っています。一方で、輝かしさや美しさをも、だれもが持ち合わせています。

これらすべてを、まとまったひとつの存在として受け止め、そこに接触して開かせる力が「深い感情」です。

すばらしい芸術に触れたとき、涙が流れることがあります。

この涙は、喜びとも悲しみともつかないような、不思議な涙です。それは、過去の傷や自分の犯した過ち、失ったものや無力感などと深く結びついています。芸術の「美」がそのようなネガティブなものと呼応し合うのは、不思議なことです。

ですが、そこにある人間の心の秘密を、蠍座はまるごと理解できる星座です。

「深い感情」が生み出す共感はもはや、人間の理性が「ポジティブ」とか「ネガティブ」とか判断するその範疇では、理解することも触れることもできない世界です。

メッセージ

なにかをどうしても手放せなかったり、失ったことを認められなかったりして、苦しんでいる蠍座の方に何度か、接したことがあります。

どうにかして取りもどしたい、ひとたびあんなに心を交わしたのに、離れられるわけがない、と、その方の頭ではなく、本能のような部分がそう、叫ぶのだと思います。

ある人に自分の意見や思いを何気なく話して、それを深く後悔している蠍座の方もしばしば見かけます。

信用できる相手に、この人なら！　と思い切って打ち明け話をして、そのあとで、やっぱりあんな話をするんじゃなかった！　と、もだえるような思いを感じたことがある方も、少なくないと思います。

これらはみんな、蠍座の深い深い心から来ている作用です。こういう苦しみのなかに入ると、人はそこから出たくてたまらなくなります。だれでもそうです。

密接な関係のなかにあるとき、貴方は、相手に貴方自身を委ねてしまいます。与えてしまっています。命をまるごと相手に差し出すように、まるで無防備に、オープンになってしまっています。そのことは蠍座を、不安にさせます。

でもそれこそが、貴方の才能なのです。貴方が普段、なかなか人に心を明け渡さないのは、一生涯だれにも心を明け渡さないためではなく、いつかだれかに心を開くためです。

閉ざすために閉ざしているのではなく、いつか開かれるために、大切に閉ざしているのです。

だから、開いたあとで起こったことを、いちいち後悔する必要はありません。

たとえそこで貴方が悲しい思いをしたとしても、それは間違いではありません。

なんらかの理由があって、そこで「開かれる必要があった」から、開かれたのです。

貴方が失敗するのは、「開いてはいけないところで開いたとき」ではなく、むしろ「開くべきなのに開かなかったとき」であるようです。

傷つかずに済ませるために、自分にも相手にもウソをついたことがおありでしょうか。

そのことだけが、貴方を本当に傷つけます。

自分の気持ちに正直であること、それと同時に、自分の本当の気持ちを確かめることは、貴方の日常にとって最重要課題です。

それさえ注意していれば、貴方は普段は自分を注意深く隠し、そして、本当に必要な場面でそれを開くことができます。

貴方が貴方の心を、なんらかの形で開いたときはかならず、だれかが貴方から、自分を再生させるための力をもらっています。

貴方は、瀕死の人に、再度歩き出す勇気と希望を与える力を持っていますが、それは貴方が彼らに分け与えるもの、では、じつは、ありません。

人は、自己治癒力や生命力を、だれもが自分のものとして持っています。それは、だれかに分けたり、失ったりできるものではありません。

貴方は、他人の自己治癒力や生命力、自分で自分を立たせる力の根っこにある「なにか」に、独特のやり方で触れることができるのです。そして、そこにのこった火に息を吹きかけ、再び燃え上がらせることができるのです。

これは、励ましでも応援でもない、特別の行為です。

貴方が「隠して」いるものを、その人に特別に分け与えたときに起こる、奇跡です。

貴方が心をオープンにしたとき、かならずそんな現象が相手に起こっていることを、思い出していただきたいと思うのです。

射　手　座

Sagittarius

フェアリーテイル

Sagittarius

射手座を、お話にたとえるなら、こういう感じです（お話は蠍座から続いています）。

❧

宿屋の親父さんが残してくれたお金を持って、私は港町にもどりました。もどる道々、私はいろいろなことを考えました。これまで起こったこと、そして、これからどうするか、ということ。

今の私の立場や知識、経験などを考えると、まだとてもこれをひとりで運用できそうに思えません。たとえば、遺産を元手に事業を興すにしても、いきなりひとりでそれをするのは無謀です。すぐに失敗して、すべて失ってしまうかもしれません。ですが、私には約束の期限があります。親父さんが残してくれたものが、私に勝機をもたらしてくれているのです。

これは、だれか信頼できる人に相談すべきだ、と私は考えました。その相手は、わけなく思いつきました。

私は、もどってすぐ、勤め先の主人に、折り入って相談がある、と告げました。するとと主人はその夜すぐに、私のために時間を取り、自宅に食事に招いてくれました。私は意を決して、自分が過去を失った人間であること、彼女に結婚を申し込んだこと、彼女の父親からの条件、そして宿屋の親父さんが残してくれた遺産のことなどをすべて話しました。

主人は熱心に私の話を聞いてくれました。そして、夜更けまでずっと、あれこれ相談をしました。


相談の上、私と主人のあいだで、ある合意がまとまりました。

親父さんの遺産を元手に、主人の店の支店を出し、それを私がとりしきることになったのです。支店といっても、私は自分で商売をするのです。もちろん、私にはまだ知識も経験も足りませんから、主人に力を借りなくてはなりません。援助を受けながら自分で商売をし、儲けは取り決めた割合にしたがって、私のものとしていいことになりました。

次の日から、すぐにこのプランのために飛び回りはじめました。私は熱中しました。自分にこのような情熱があったことは、我ながら意外でした。進めていくうちには失敗もありましたが、主人はいつも快く手助けをしてくれ、相談に乗り、困ったときは前に出て守ってくれました。商売が軌道に乗りはじめると、私は買い付けのためにあちこち飛び回るようになりました。仕入れがある程度、自由にできるようになったため、独自のルートがほしくなったのです。

商売もさることながら、私は旅が好きでした。幾度も船に乗り、海を渡り、見知らぬ町へ出かけ、新しい言葉を覚えることもしました。商売は順調に軌道に乗りました。

行く先々から、私は贈り物や手紙を、彼女に送りました。とても忙しく、仕事のことで頭がいっぱいでしたが、決して彼女を忘れることはありませんでした。彼女も手紙を返し続けてくれました。私たちは会うことを許されていませんでしたが、絆が失われることはなかったのです。

ちょっと変わった陶器を作る店がある、という話を聞き、私は伝手を頼ってBという町に向かいました。陸路でした。

その道を行く途中、私は妙な気分になりました。なんだか、はじめて来る気がしないのです。景色を眺めるだけで、心におかしなさざ波が立ちました。なにかを思い出しそうな、そんな感じで、私は周囲をひたすら見回していました。

町に入ると、私はさらにおかしな気分になってきました。動悸がしてきたので、同行していた店の従業員に、ちょっとそのへんの店に入ろう、と促し、ひと休みすることにしました。

ビールを頼むと、店の女中が妙な顔をしました。

もしや、という気持ちが私のなかに起こりました。店の中を見渡すと、さっきの妙な気分がいっそう、強くなってきました。

ふと気づくと、店の奥から、ここの主人らしい男がじっと私を見つめています。私は思わず立ち上がり、その男を見つめ返しました。すると、その人は私に近寄り、私の名前を呼びました。


そのあとのことを、私はずっと忘れないだろうと思います。私はまさにこの町に住んでいたのです。私はこの店の常連客で、店の主人は私をよく知っていました。懐かしがりながらもいぶかしむ店主に、私は旅先で事故にあって、さらに病を得て帰れなかったのだ、という言い訳でなんとかごまかしたあと、急いでこの店を出て、今やよみがえりはじめた記憶を頼りに、かつて自分が世話になっていた店に向かいました。そこは、やはり、貿易会社でした。店の前に立ち、少しためらったあと、私は

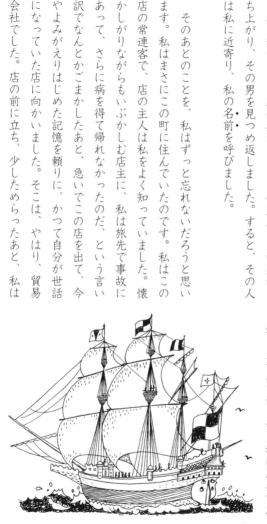

思いきって中に入りました。まるで雷に打たれたように、そこでの日々がありありと思い出されました。

かつての主人は非常に驚きながらも、喜んで私を迎えてくれました。

この店主は、孤児だった私を拾って育ててくれた、いわば親のような存在でした。私は物心ついたらすでにこの店にいて、少年のころから働いていたのでした。主人の顔を見て、私は涙が止まらず、突然の失踪と長期の不在を泣いて謝りました。主人も涙を浮かべて私の手を取り、再会を喜んでくれました。

ですが、主人に失踪のことを問われても、うまく説明することができませんでした。その部分だけはもやがかかったように、あのとき言いつかった用件も、起こったできごとも、思い出せないのです。私は、記憶を失い、宿屋に拾われ、今は別の町で店を任されるに至った経緯を説明しました。そして、失踪前後のことは思い出せない、と、正直に話しました。すると、育ての親でもあるかつての主人は、怒りをあらわにしました。ずっと世話をしてやり、目をかけてきたのに、裏切ったな、というのです。息子同様に思ってきたのに、妻も寝込むほど心配したのに、お前はなんという恩知らずだろう、と激しく私をなじりました。たしかに、私の話はまったく要領を得ませんでした。この説明で納得しろというほうがムリです。このかつての主人は、情の深い優しい方で、すでに相当の高齢でした。老人らしく信義を重んじ、裏切りやウソは決して許せない方でした。私を愛する気持ちの強かった分、他の町で店を持つに至った私に、あらぬ悪意を見たのでしょう。私は、なかば追い出されるようにして店を出ました。かわいがってくださった奥様に会うこともできませんでした。

私は悲しみに沈みました。

でも、気落ちしているわけにもいきませんでした。とうとう、私は自分の出てきた場所を見つけ、そして同時に、帰る場所を失いました。私は旅人となったのです。

私は四方を旅しながら商材を見つけ、商売をどんどん広げていきました。今や、私にはこれしかありませんでした。旅に疲れると、私はある夢を見るようになりました。

それは、「居場所」の夢でした。

探し求めていた「もといた場所」を失い、帰る約束をした宿屋をも失った今、私の帰る場所はもはや、未来にしかなかったのです。

相変わらず会うことは叶いませんでしたが、彼女からの手紙は、私の庭とも家ともなっていきました。

このたとえ話は、このあと、山羊座のお話に続いてゆきます。
ひとまず、射手座の段階はここまでです。

射手座のしくみ

広い海や青く晴れた空を見ると、だれもが憧れを抱きます。
翼を広げて自由にどこまでも旅をしたい、という衝動が心にわき上がります。
まだ見ぬ遠い世界は、たまらない魅力を持っています。
射手座は、そんな、天翔る衝動そのものを担う星座です。

旅には危険がつきものです。人の心には、生まれ育った場所に根を下ろし、安全と安楽のなかでゆたかに過ごしたいという望みが存在します。ですから、多くの人が空や海への羨望をあきらめて、生まれ育った場所を栄えさせ、そこで幸福を得ます。

ですが、射手座のしくみはこれを振り切るようにできています。

危険を冒しても、まだ見ぬものに触れたい。今ある場所から離れて、まったく違った場所に自分を置いてみたい。この望みが、射手座のしくみの根本にあります。

牡羊座から蟹座までの段階で、主人公は自分の帰る場所やアイデンティティを手に入れました。商売のための基本的知識や家を得て、個人としての骨格ができあがりました。

次に、獅子座の段階から一歩外へ出て、そこにいる「他者」と接することになりました。いくつかの印象的な事件を経て、彼は幾人かの個人と密接な関係を作りました。

個人としての自分、そして、一対一の人間関係。

これが、牡羊座でスタートしてから蠍座に至るまでに主人公が経験した世界です。

そして射手座で、彼はさらにもう一歩、歩を進めます。

それは「外の世界」です。

自分が所属する世界とは違った文化を持つ、異なった常識や歴史を持つ人々の住む場所です。

蠍座の世界は、一対一の非常に密な関係を扱っています。そこでは、すべての問題は「個人」の範疇で解決できます。問題が起こっても個別具体的に調整すればよく、その周りを取り巻く集団とは、ほとんど関係がありません。

でも、「外の世界」では、そうではありません。

世界にはいくつも異なったコミュニティがあり、それぞれに文化や歴史があります。

射手座の管轄するテーマには、「旅」のほかに、「法律」「哲学」「専門知識」「大型の乗り物」などがあります。

たくさんの人々がそれぞれのバックグラウンドを持つなかで、普遍的に適用できる知識や技術、射手座の扱うテーマには常に「多様な人々の住む広い世界」が前提されているのです。

旅先では、いつも新しい「ルール」に出会います。

すべての文化が独自の規範や価値基準を持ち、やっていいことと悪いことは厳密に区別されています。

日本ではお茶碗を持ち上げて食べないと「犬食い」といって下品とされますが、韓国や中国ではお皿を持ち上げるのはマナー違反です。

文化が持っているルールにはそれぞれ、その文化の文脈に即した論理があり、意味があります。ですがそれらは、その文化においては絶対的ですが、場所を変えれば決して、絶対的なものではありません。

一方、「絶対普遍的」なものも、あります。

たとえば、人の優しさや笑顔は、どこに行ってもすばらしい価値を持っています。誠実さや礼儀正しさは、たとえその土地の礼儀を知っていなかったとしても、相手に伝わるものです。

射手座は、書物を読むのが好きな人が多い星座です。好奇心旺盛で、未知の場所に赴くことを楽しみます。

ですが、彼らの旅は、決して目新しいものの雑多なコレクションを意味してはいません。彼らは、多くの国を旅し、その文化に柔軟に対応して楽しみながら、どんなに異なった文化でも通用するような普遍的叡智を探し求めているのです。

その知から見れば、文化ごとに違う小さなルールなど、些末なことです。

射手座は細かいことにこだわらない、とされるのは、ここに理由があります。

射手座は「哲学的な」星座、とされています。

射手座の旅は、真に信頼しうる哲学を追い求める旅です。それは人々を幸福にするための理想であったり、どんな場所にでも飛んでいける強靭な翼だったりします。どこに行っても通用する価値、どんな場合でも曇らない光。射手座が目指すものは、そんな普遍性です。

ですから射手座の世界は、とてもオープンで自由です。

自分とは違ったものをフランクに招き入れ、その違いを心から楽しみながら、本当に大切なものを見抜こうとします。すべての存在のなかに、宝石のきらめきがあります。

その裏付けは、射手座の前段階、蠍座での、深く重要な体験です。


射手座の世界は、輝きに満ちています。

なぜなら、彼らは自ら追い求めるものがこの世に「ある」ということを前提にしているからです。

これは強烈な楽観です。

普遍的な理想は、輝かしい力は、かならずこの世界のどこかに「ある」のです。

あるいは、すべてのもののなかに含まれているのです。

だから彼らはそれを探して旅を続けることができるのです。


これが、射手座の世界です。

＊＊＊

蠍座の「個人と個人の密接な関わり合い」のユートピアから飛び出した射手座は、蠍座で起こったできごとをよく覚えています。

本質的に重要なことは、蠍座の世界ですでに発見しています。

たとえば、たとえ話のなかでは、宿屋の親父さんから受け渡されたものや、恋人から託された彼女の人生、などです。

自分の命そのもののような絶対的な宝物を、人はだれかに託してしまうことができます。

そして、その授受が行われたとき、たとえ話の主人公のように、託された宝物に新しい命を吹き込んで再生させることが可能になります。

これが、蠍座の本質的な力です。

ですが一方で、このような力は、依存や執着といった、他者への不当な支配をも生み出します。母親が息子の人格を飲み込んでしまうことがあります。ドメスティック・バイオレンスの問題に見られるような「共依存」の関係があります。これらは、蠍座の「自分をだれかに明け渡し、だれかの命を自分のものとして受け取る」力の危険な一面です。

このような、「蠍座の力」の両面を、射手座は理解しています。

もっともすばらしい聖なるものと、もっとも俗なる、命を陥れるような力は、表裏一体なのです。

このような重要で危険な力を、この世界で、きちんと生かし切るために必要なものはなにか。

射手座は「法律」を扱う星座でもあります。

「法律」は、たくさんの人々が住む社会における「正義」を定義します。

お互いに違う国語を話す人間同士を意思疎通させるためには、通訳が必要です。

離婚を望む妻とそれを望まない夫は、同じ言語を話していたとしても、どうしても言葉が通じません。価値観や前提がすでに、違っているからです。

違う文化、違った前提、違った立場に立つと、同じ言語を話しているのに「話が通じない」ということになりがちです。

そんなとき、通じない意志を疎通させるために用いられるのが「法律」というもうひとつの言葉です。

射手座の管轄には「出版」「専門」「高等教育」というテーマもあります。

これは、違った世界に住む人々同士がコミュニケーションするための「第三の言葉」「翻訳」を意味しています。

射手座の、「多様な世界でも変わらないもの」を求める哲学的な意志が、こうした翻訳作業を可能にするのです。

＊＊＊

射手座の量子物理学者、ハイゼンベルクは、ドイツでふたつの世界大戦を体験しながら、物理学の革命ともいえる量子力学の確立に貢献した偉大な科学者です。

量子力学はそれまでの物理学の常識を覆すようなまさに革命的な発見で、アインシュタインなど多くの科学者がこれに反駁したことは有名です。

世界大戦、そして学問における革命的研究。公私にわたって幾多の「大事件」を体験したハイゼンベルクは、後に、友人パウリとの対話において「中心的秩序」という言葉を使いました。

パウリに「中心的秩序」とはなにか、と問われて、ハイゼンベルクはこう答えました。

「それによって、僕は全く平凡なことを意味しているだけなのだ。つまり、たとえばどの冬の後にも、やはり花は再び野原に咲き、どの戦さの後にも、街は再び建て直される。だから無秩序《カオス》はいつも繰り返して秩序ある状態へ転換していくということの事実を言っているのさ」

（『部分と全体』みすず書房／W・ハイゼンベルク／山崎和夫訳）

彼は、人間のなかにも「魂」というかたちで、この「中心的秩序」が貫かれている、と表現しました。

混沌として見える、あるいはまったく無軌道に見える世界を、ひといきに貫いている一本の筋がある。この確信は、証明することはできません。ですからたとえば「神」のように、それを信じるか、信じないか、という議論になってしまいます。懐疑的な実証主義者から見ると、このような言動は神秘主義や宗教的思考ととらえられるでしょう。

ですが、ハイゼンベルクはあえてそんな「中心的秩序」の存在を感じ、そして自由にそれを語ります。自分の経験のなかから見いだした直観を仮説に置き換えてこだわりなく語るのです。

この態度には、射手座の哲学的態度、挑戦的で自由でありながら、非常にピュアな思考の道筋がありありと現れている気がします。

未開拓の原野を旅する彼らは、あくまで理性的な現実感覚を忘れません。ですが、その上で、彼らは情熱的なロマンティストでもあるのです。

世界には、それを自らよりよいものとするような力が働いている。

彼が「中心的秩序」と表現するものは、一般に「神の意志」「幸運」「意識」「デザイン」など様々な呼び方で呼ばれている、一種の直観です。

このロマンティシズムがなければそもそも、未知の世界に冒険に出る理由がありません。

このようなものが、射手座が旅の末に探し当てたいと願っている宝物なのです。

論理的知性と、理想への情熱。前述の引用には、そんな射手座のリアリズムとロマンティシズムの両面がふたつながら、いきいきと映し出されているように思えるのです。

神話

射手座は、ケンタウルス族のケイロンがゼウスの手によって空にあげられたもの、とされています。ケイロンはアポロンから音楽や医学を、アルテミスから狩猟の技を学び、その深い叡智で多くの英雄を育て、人々を癒しました。

彼はヘラクレスの放った毒矢にあたりましたが、不死の生を与えられているため死ぬことができません。毒の苦しみに耐えかねた彼は、ゼウスに頼んで自分の不死をプロメテウスに譲り、死を選びました。

彼は空で弓に矢をつがえたまま、じっと蠍を狙っています。蠍が暴れ出したとき、それを過たず撃ち殺すため、といわれています。

射手座の神話は、一見、矛盾に満ちています。

ケイロンのありかたは、射手座のイメージにぴったり符合しています。文武に秀でるという特徴と、人を教え育てるという広がりが、射手座の本質をよく表しています。ですが、この物語はいかがなものでしょうか。

すばらしい能力を持った、人々を益する存在が、酔っぱらったヘラクレスの毒矢に倒れるなんて、理不尽もいいところです。

ヘラクレスとケイロンは師弟の間柄だったとも、友人だったともされています。

こんな無茶な「神話」は、いったい何を語っているのでしょう。


どこまでも旅していくような射手座ですが、最終的には山羊座に飛び移ります。この「不死であったものが、死を選ぶ」というところに、なんとなく射手座の目指す最終目的地が見える気がします。

蠍を狙い続けている、というそのありかたも印象的です。

つまりケイロンは「毒」を管理しているのです。

「毒」は、彼の不死を終わらせましたし、彼は天に上がってもその「毒」を見つめています。

通常、毒は悪いものですし、死は忌まれるものです。でも、この世の中で、死なない人間はいません。

人間が描く「理想」や「善」はとても美しいものです。

汚れや忌まれるものはそこには滅多に含まれません。

でも、現実の世界は、死や苦痛で満ちています。彼がどんなに医学を学んでも、不治の病というのは存在したはずです。

それらをすべて駆逐すればすばらしい世界になるかというと、これも、真理ではありません。

犯罪も、毒も、苦しみも「あってこそ」の世の中です。

彼はそれを体験し、それを見つめています。

アポロンやアルテミスが授けた輝かしい知とともに、彼は蠍座のなかにある毒のことも、よく知っているのです。

その毒こそが人を生かす原動力になっていて、さらに、人から人に時代を受け渡す歯車にもなっている。そのことを、彼は見つめています。

射手座の世界は明るく楽観的です。旅は楽しく、自由には翼が生えています。

でも、天空を飛翔するその心は、一点の曇もない理想だけに満ちているわけではないのです。

その心は、人の悲しみや苦しみをも見つめています。

その眼差しがなければ、普遍性を追い求めることは不可能なのかもしれません。

スケッチ

11月23日～12月21日に生まれた方は、射手座に太陽を持っています。いわゆる射手座生まれです。境目の日付は年によってずれます。

射手座の占いは一般的には、ざっくばらんで、こだわりがなく、哲学的でスポーツ好き、明るくておっちょこちょい、などと書かれています。

寛容で、無邪気で、チャレンジングなことが大好きで、様々なことに興味を持つけれども、相当飽きっぽい。そんなふうに書かれている本が多いようです。

彼らは旅する人たちです。国境線をやすやすと越えます。

ですから、普通の人よりもずっと広い範囲のことに関われるようです。言葉の違いも、文化の違いも、彼らには大きな問題ではありません。ですから、新しい分野にどんどん飛び込んでいけます。「自分の歳ではムリ」とか「これは女のやることだ」とか、そういう意味のない制約にとらわれることがないのです。

権威主義も、彼らには無縁です。

無名の作家も文豪も、彼らはまったく差別しません。それがおもしろいかどうか、だけが問題なのです。そして、おもしろいと思えば、夢中になってその対象に惚れ込みます。賞賛し、貪欲に追い求めます。

射手座は、情熱的で、ストレートで、オープンマインドです。

正直で、ロマンティストですが、同時に、ちょっと辛辣なところやシニカルな面も持ち合わせています。

物事の本質だけを大事にするようにできているので、些末なルールにはこだわりません。

細かいことを気にしないため、大技を決めた最後にちょっとコケる、という愛嬌もあります。

旅上手は、荷物をできるだけ少なくします。

ですから、射手座は物心両面において「こだわり」の薄い星座です。なにかにしがみついて手放さない、ということは、彼らには、ありません。

ですから、この面がネガティブに現れると、面倒になると簡単にほっぽり出してしまう、という、忍耐力のなさにつながってしまうのです。

幼い状態の射手座は、何事も単純な状態で満足してしまいます。本質がつかめた、と思うと、さっくり飽きて次に行きたがるのです。ですが、物事の本質というものが、そう簡単にわかるものではない、とわかると、飽きっぽさが薄れ、その世界のなかを探検する力を得ます。人でも学問分野でも仕事でもなんでもそうですが、それ自体のなかに小宇宙といっていいほどの「広がり」があるものです。

これを探検し、この内部を旅する喜びを知ったとき、射手座の心は、深く大きくなります。寛容でこだわらない大きさの他にもうひとつ、深淵に乗り込んでいく勇気を手に入れるのです。

射手座の、国境をやすやすと飛び越えるこだわりのない心は、本の世界をも自由に行き来します。ジャンルにこだわらず濫読するのが射手座のスタイルです。男性でも少女漫画を読んだり、女性でも車雑誌をためこんだりします。

たくさん読み、遠くまで歩き、そして、おおらかに話をします。

射手座はおしゃべり好きの人が多い星座です。すばらしい記憶力に恵まれているため、彼らと話をする相手は、その尽きない話題に飽きることがありません。

広い世界への、長い遠い旅。

それに必要な性質をすべて備えているのが、射手座です。

広い空を飛ぶ翼や、遠く海を越える帆を、彼らはその心に、生まれながらに持っています。

そしてもうひとつ、彼らに欠かせないものがあります。

それは「絶対的な価値を持つ宝がかならずどこかにある」という確信です。

射手座は楽観的な星座といわれます。

この楽観は、旅を続ける上で必須の見通しです。

悲観的な人には、旅ができないのです。

今手元にあるものよりもつまらないものしかないかもしれない場所に、どうして苦労して移動したくなるでしょう!

「山のあなたの空遠く　『幸い』住むと人のいふ」

という詩の一節があります。

射手座は生まれながらに、それを本気にしている星座なのです。

メッセージ

疲れきってなにもかも投げ出したくなることがあるでしょうか。

なにかを追い求めてどうしてもそれが手に入らないとき、貴方はひどく苛立ち、落胆してしまいます。

緊張の糸がぷつんと切れたとき、人の手を離れた風船のように、あてもなくどこかに行ってしまいたくなることがあるかもしれません。

矢はひゅーんと飛んでいきますが、獲物からそれが逸れたとき、地面に落ちて、あとは動かなくなってしまいます。

矢はベクトルです。ベクトルは、位置と方向を持った量です。

この「方向」が見えなくなったとき、貴方は、位置までわからなくなってしまうところがあります。

貴方はどこにいるのでしょう。

旅は常に、次の行き先を必要とします。

ですから、どこに行けばいいのかわからなくなったとき、貴方は「そこにいる」ことすらやめてしまって、「どこにもいない自分」を感じ、脱力してしまうのかもしれません。

情熱の火が消えて、座り込んでしまいたくなるのかもしれません。


そんなときはどうか、古い手紙を引っ張り出してみてください。

貴方は「先」に進む人で、どこまでも前を向いています。

でもときには、「思い出」も役に立ちます。

過去をひっくり返すことは、後ろ向きなことではありません。

それはたしかに起こったことで、虚ろな幻想ではありません。

貴方の身体の血や肉を形成している、たしかに実在した体験です。


思い出が貴方にとってどんな作用を及ぼすのか、それは私には、ハッキリとは説明できないのです。

でも、貴方をその場限りの旅人としてではなく、絶対普遍に意味のある存在として見つめただれかが、過去の思い出のなかに、ちゃんといるはずです。

人はかならずだれもが死んでいきますが、時間の流れのなかで、貴方という現象は、たしかに手応えを持つ実体です。

その手応えを、だれかとの関わりのなかで、貴方は感じたことがあるはずです。

自分のなかの磁場が失われたように感じたときは、心の時間をいくらでも巻きもどしてください。

未来の夢ではなく、過去の夢のなかにしばらく、心を休めてみてください。

貴方は現実の国境や、分野の境界線をやすやすと越えることができる人です。

そして同時に、時間のへだたりも、過去や未来に自由に越える力を持っているのです。

未来がダメなら、過去に旅をしてみてください。

そうするうちにだんだんと、貴方の翼に力がよみがえってくるでしょう。

地面の感触が足の裏に心地よく感じられるようになるでしょう。

貴方の見る景色が次々に移り変わるとしても、それは儚い記憶となって無意味に積み重なるだけ、ではないのです。

貴方の目指す目的地は、ちゃんとこの世界のなかにあります。

その場所は、貴方の過去と未来の両方に対して、意味を持っているのです。

山羊座

Capricorn

フェアリーテイル
Capricorn

山羊座を、お話にたとえるなら、こういう感じです（お話は射手座から続いています）。

約束の3年が終わる1カ月前、私は、彼女の父親に会ってほしいと手紙を書きました。父親が提示した額のお金を作ることができたからです。

私の事業はこの3年、実にうまくいきました。本店のほうも順調で、私の預かる支店の他にさらにひとつ、支店が出るほどでした。私は小さな家を買い、女中を雇えるまでになりました。

裕福な彼女の実家には到底及びませんが、不自由はさせないだけの自信ができました。

数日後、私は彼女の家に招かれました。そして、再度、結婚の申し込みをしました。

すると、彼女の父親は私に、店を見せてほしいと言いました。もちろん、快諾しました。

日を改め、父親は私の店にやってきました。店の中を見、商売の具合をたずね、しばらく店にいて私や雇い人の仕事ぶりを眺めていました。

その夜、彼女の父親は私の家を訪れ、結婚を承諾すると言ってくれました。

あとで聞いたところによると、彼女の父親は、先の婚約者との婚約解消について、非常に複雑な取引をしたのだそうです。商売を守り、お互いの体面を保ちながら、一度交わした約束を解消するのは、とてもむずかしいことです。彼女の父親は1年半ほど前から、私の事業が軌道に乗ったことを知り、その決心をしてねばり強く手を回し、先方にもっとよい条件の縁談を他家から紹介させるなど、微妙な手を打ってくれたのだ、と、あとで義理の兄となった彼女の兄が話してくれました。

こうして、3年ぶりに、私は彼女に再会しました。

ただ静かに抱き合っているだけで、何時間でもそこにいたいと思いました。

それから数カ月で準備を整え、私たちは結婚しました。

それまでの経緯から、式はごく内輪なものでしたが、皆に祝福されて私たちは幸福でした。できるなら、私の育ての親も招きたいと思いましたし、あの宿の女将さんにも来てもらいたかったのですが、それは叶いませんでした。

ですが、ようやく私は「帰る場所」を得たのでした。

自分が住み、大切な人がそこにいる、守るべき場所。

妻の家の広い庭で行われた披露宴のさなか、本店の主人が、今私が支店として預かっている店を、正式に私のものにすると言いました。

自分の看板で、自分の店にしなさい、もともとお前の金で出したものなのだし、最初から、いずれそうするつもりだったんだよ、と主人は言ってくれました。

家、店。私の城ができあがりました。

今までだってできる限り、自分の足で立ってきたつもりですが、これからは背負うものを背負い、逃げることは決してできません。

宴を終えて、その夜、私たちは今やふたりのものとなった小さな家に帰りました。

そして、彼女に、店が自分のものになることを告げました。

彼女はとても喜び、自分もできる限り手助けをすると約束してくれました。

私たちはふたりして一生懸命働き、商売を少しずつ大きくしていきました。

ときには失敗や不運もありましたが、なんとか乗り切ることができました。

やがて、子どもが生まれました。ですが最初の子どもは、病気で幼いうちに死にました。私たちは悲しみにうちひしがれ、苦しみました。それでも、雇い人や、今ではよき理解者となった義理の父の助けを借りて、なんとか立ちなおることができました。

子どもを亡くしてから、妻の表情には、どこか透きとおったような影がつきまとうようになりました。それでも、私たちの絆はむしろ、強くなりました。

悲しいことも、嬉しいことも、家族や店の人々とみんなで分かち合い、充実した年月が過ぎていきました。大きな屋敷に引きうつり、雇い人も増やし、家の中はとてもにぎやかになりました。

私は、町の運営にも関わるようになりました。同業者の組合や様々な会合にも参加し、支援を必要とする人があれば、できるだけ手を貸しました。町全体の力が強くなれば、自分も当然、安全になります。でもそれだけではなく、事業によって得た力を、人のために役立てたか

ったのです。私がかつて、私の元の主人や宿屋の親父さん、そして義理の父親などに、そうしてもらったように。

仕事はどんどん増えて、忙しくなっていきましたが、私は幸福でした。

そんななかでも、私の心にずっと、小さなしこりはうずきつづけていました。
孤児だった私は、いったいだれの子どもで、どこからきたのだろう、ということ。
そして、私が記憶を失ったとき、いったい私になにが起こったのだろう、ということ。
このふたつの疑問は常に、意識の片隅にあって、消えることがありませんでした。
私はいったい、何者なのか。
すでに町では力を得て、「名前」は私のものになっていました。
でも、それだけでは、私は心から納得することができなかったのです。

このたとえ話は、このあと、水瓶座のお話に続いてゆきます。
ひとまず、山羊座の段階はここまでです。

山羊座のしくみ

山羊座は「城」の星座です。

前述のたとえ話のなかで、主人公は「守るべき人と住む場所」を手に入れました。この「場所」を守るのは、石の壁でも兵隊でもなく、自分自身であることを、主人公はすでに自覚しています。彼は彼の責任において、時間をかけてこの城を手に入れました。一生懸命働いてお金を貯め、自分の実力を育て、恋人と困難を乗り越えて、ようやくたどり着いたのがこの「城」だったのです。

彼は今まで、あちこちに移動し続けてきました。

最初の町から次の町へ、そこから仕事のための旅へ。移動するなかで常に彼は、この場所を目指していたといってもいいでしょう。

自覚はしていなかったかもしれませんが、すべてのできごとは常に、この場所への一歩を意味していたのです。

時間をかけて、獲得するもの。

もうそこから他に行く必要がない場所。

長い時間そこにとどまるだけの、価値のあるもの。

山羊座の扱うテーマは、不動産、時間をかけたもの、父性、権力、時代、古いもの、などです。

時間のなかではあらゆるものが風化していきます。どんなに華やかに栄えたものも、いつかは朽ち果てて、失われ、忘れ去られます。

山羊座はそんな不確かさに、果敢に抵抗しようとします。

人間のやわらかい命を、固い城壁によって守り、安全に生かそうとします。

何年も何年も、意味や価値を育て続けようとします。この力によって、伝統や文化がはぐくまれます。歴史を持った深い芸術が生み出されます。

新しいものは、不確かです。勢いも長所もあるでしょうが、時間というテストをまだ受けていません。

人間の弱さやもろさを守ってその美質に永続的な命を与えるには、時間に耐える丈夫な構造と建材が必要です。

山羊座は、厳しく慎重な星座、といわれます。保守的と称されます。

人間は、薄い皮袋に水を溜めたような、いかにもあいまいな構造をしています。9割が水で、そこにぷかぷかと細胞が浮かんでいるのが人間の身体です。小さな銃弾が飛び込んだだけで、水風船のように破けて、息絶えてしまいます。人の心は移ろいやすく、縛ることができません。小さな針にも怯えます。善意を誤解してかみつくこともあります。生きていれば、かならず、なんらかのかたちで痛みを感じます。他者との関わりのなかで、涙や血を流します。自然に打ち勝つことも、人間には、できません。ちょっとした嵐や地震で、人間は簡単にすべてを失ってしまいます。

さらに、人は人から奪います。他者を痛めつけてでも自分を生きながらえさせようとします。「大切な人を守るため」と称して、同じ人間の命を奪うこともできます。怠惰、恐怖心、不安、利己心などが、たやすく愛や誠実さを打ち倒します。

個々の人間は、そんなふうに、弱い存在です。

自分の利己心や恐怖心に勝てません。

自然や人間関係から自分ひとりを守ることができません。

そんないたいけでか弱い「人間」への理解が、山羊座の世界の出発点です。

ですからときに、疑い深く冷酷だ、などと評されることもあります。

でも、本当はそうではないのです。

人間存在の本質から目をそらさず、常にその弱さからスタートしようとするのが、山羊座の愛であり誠実です。

世の中には、汚さも醜さも存在します。弱い存在に醜さが宿ることもあります。山羊座は、そういうものから目をそらせないのです。

常にそこにある「実体」をつかみ、そこから弱さを生命力へと昇華させる現実的手段を考えます。

そして考えるだけでなく、確実にそれを実行に移すのです。

山羊座は、人間のもっとも人間らしい部分を活かす力を持った星座です。

弱い部分ややわらかい部分を包み込み、厳しい外界の寒風からそれらを守るのです。


守るための力、実現するための力、生かすための力。

そういった「力」は、時間をかけて、社会的に獲得されていきます。

それは、地位であったり、経済力であったり、権力であったりします。

肩書きや名声は、人を動かすための大いなる力です。

この力には、人を動かし守るという「責任」が、常に影のように付き従っています。

山羊座のテーマに「責任・義務」があります。これは、権力と表裏一体のものです。
信じたことを実現するには、権力が必要です。

そしてその「信じたこと」が多くの人々の生き方を守る、ということであるかぎりにおいて、権力が行使されるときは常に、責任が問われます。

企業や国家など、ヒエラルキーを保った人間組織も、山羊座の管轄です。

そこでは、多くの人が様々な「力」に守られ、安心して生きていくことができます。幼い子どもや老人も、安全な居場所を得ることができます。人々は全体のために貢献しようとし、全体が個々のために力を分け与えます。

能力や権力によって、ここでは上下の関係も生み出されます。力による安定、安定による力、というしくみは、地位や階級というような社会制度も生み出します。組織の力を強める上で、このような制度は重要です。「全体」の進む方向を一致させるには、個々の欲求はしばしば抹殺されなければなりません。したがって、弱い存在と強い存在との階層化が起こります。

全体を守り安定させるためには、「個」の望みはしばしば、無視されます。

山羊座には我慢強い人が多い、とされるのは、このようなしくみに端を発しています。山羊座が目指す「全体の幸福」のためには、政略結婚や徴兵制度など、個人の幸福が無視される場面が出てくるのです。これは、山羊座の人個人の内部においても起こりえます。親や周囲の望みを叶えるために「自分」を圧殺してしまう心理が、山羊座の心にはしばしば、働くようです。

山羊座が見つめているのは、常に「結果」です。

その「結果」は、収益の多寡である場合もありますが、むしろそれよりも、結果が内包する現実的価値そのものに置かれていることのほうが普通です。

そんな「価値」は、金銭ではかれません。

山羊座に、無欲な芸術家が多いのはそのためです。

「権力」「責任」といった言葉からはもっとも遠い存在であるようなアーティストたちが、どれほど自らの仕事に責任感を持ち、どれほど自らの仕事に権力を付与しているか、それを目の当たりにするからこそ、彼らの周りにいる人たちは、彼らの仕事を、たとえお金にならなかったとしても、「仕事」として静かに尊重し、守りたくなるのでしょう。

＊＊＊

「『宗教は阿片だ』とマルクスは云った。

然しマルクスは阿片の快意は知らなかったらしい。

彼が若し阿片の快意を知っていたら、「阿片は宗教だ」と云ったかも知れない」

（『季節と詩心』講談社文芸文庫／堀口大學）


山羊座の詩人、堀口大學の一文です。

山羊座の人には、辛らつで皮肉なユーモアがたびたび見られます。同じく山羊座の作家である三島由紀夫も辛辣な諧謔を多く残しています。

彼らのそのような箴言の多くに、ある傾向が見られます。

それは、人間がどんなに思想や理想をはびこらせようとも、所詮は生身の肉体を持った、食べて寝て死に行く生き物なのだ、という寓意です。彼らはそこにおかしみと真実を感じ、愛嬌たっぷりに表現するのです。


山羊座は、地の星座です。

地の星座は、五感や物質的な感性をその価値観の軸に置きます。特に山羊座は、「生活する人間」「肉体を持って生きる人間」に注目します。大きな事件も、天下国家も、歴史も文化も芸術も、およそ人間社会に起こるありとあらゆる事象は、最終的にはこの「肉体を持って生きる人間」に収斂していきます。

ですから、彼らの表現は非常に官能的です。これは性的であるという意味ではなく、感情や思考よりも「感覚」に、そのリアリティの土台を置くという意味です。感覚が引き起こす人間の行動に、彼らは興味を持っているように、私には見えます。感覚と人間の活動がどのように結びついているかを彼らは詳述します。

物体としての人間の真実に観念や言葉がかぶせてしまった仮面を取り除き、その生々しい裸の肉体がいったいなにを望んでいるのか、彼らはさらけ出させようとします。

人間はあたかも、思想や知識、能力によって、生身の肉体から自由になれると思いこんでいるフシがあります。生身の肉体は決して、人間の行動や思想を縛るものではない、と考えられています。

ですが、人間の頭も、人間の身体の一部です。

思想も観念も時間が経てば刻々と変化しますが、人間の肉体の感じる痛みや快さは、唯一、時間のなかで滅びずに受け継がれ続ける絶対普遍の真理とさえ、いえるかもしれません。

生活する人間、生きる人間。この「現実」は、山羊座にとって非常に重要な出発点です。山羊座が城を築き、時間をかけて何事かを完成させようとするのは、常にこの基本的出発点である「生活する人間」のためです。

傷つきやすい肉体と、敏感な感覚と、終わりある命を持った人間。
このような弱さやわらかさをスタートラインとゴールに置き、彼らは人間を見つめているのです。

「使命は時間がたつと解釈が変ってしまう。だけど匂いは変りませんよ。汗の匂いは汗の匂いだし、パパイヤの匂いはパパイヤの匂いだ。あれはあまり匂いませんけどね。匂いは消えないし、変らない。そういう匂いがある。消えないような匂いを書きたいんです。使命も匂いをたてますからね」

(『輝ける闇』新潮文庫／開高健)

これも同じく山羊座の作家、開高健の一節です。

神話

山羊座は、ギリシャ神話の神様である牧神パンの姿をかたどったものとされています。神々の宴会の席に、突然怪物テュポーンが乱入し、神々はそれぞれ動物に姿を変えて逃げ出しました。パンはこのとき、上半身が山羊、下半身が魚の姿になりました。

この姿は、海底から山の上まで、世界のいたるところに移動できることを意味しているのだそうです。

神々は通常、不死の存在ですが、パンは唯一、死を迎えた神ともいわれています。

この神話のおもしろいところは、「神」ならば当然可能であるようなことが、いかにもパン特有のこととして語られていること、そしてもうひとつ、パンがいかにも「この世のもの」であるところです。

海底から山の上まで移動できる、なんて、私たちの「神様」のイメージからは簡単なことのように思えますが、ここでは際立ったこととして注目されています。そして、なんと、神様のくせに「死んで」しまうのです。

山羊座は現実的な星座とされます。

現実的であるということは、「この世界において、実現する」ということです。

「リアリスト」という言葉はしばしば、だれかの情熱に対して消極論を唱える人、というイメージで使われます。でも、現実になにかを実現しようとする人は、むしろもっとも積極的で貪欲な人、といえるのではないでしょうか。

「死はかならずいつか来る。だからこそ、生きている日々をせいいっぱい生きる」

という人がいます。

山羊座のイメージは、この考え方にとてもよく合っています。

彼らは決して消極的ではありません。

牧神パンの性格としてもうひとつ、とても好色だった、という伝説があります。

この世において楽しめる楽しみに、常に貪欲であること。

山羊座の「守る」性質は、人間が安心して生きることを楽しむ「場」を、常に確保したい、という望みから生まれているのかもしれません。

山羊座は長期的な時間を扱う星座です。

でもその「時間」は、多くの人間が自分に与えられた生命を「楽しむ」時間なのだろうと思います。外敵や自らの弱さによって、その真の「楽しみ」が傷つけられたり奪われたりすることに、山羊座は腹を立てているのです。

だからこそ彼らは安心して、命を喜べる確かな「場」を確保するために、努力し、攻撃し、訓練し、説得し、構築し、積み上げて、手に入れるのです。

山羊座を陰気で否定的な星座だと誤解している人がありますが、決してそうではありません。

必要とあらば、海底から山のてっぺんまで移動するために、あらゆる手段を獲得しようとする、実効的で貪欲な心を持っているのです。
それは、生命活動を根本から肯定している心にほかなりません。

スケッチ

12月22日～1月20日に生まれた方は、山羊座に太陽を持っています。いわゆる山羊座生まれです。境目の日付は年によってずれます。

山羊座の占いには、一般的に、努力家で、現実的で、慎重で、保守的で、おとなしい、というようなことが書かれています。

ですからたいてい、少女時代にこれを読むと、「自分は山羊座であることがイヤだ」と感じる方が多いようです。暗く厳しいイメージがあるのでしょう。

でも、実際の山羊座の方は、「暗く厳しい」なんてことは少ないようです。

行動的で、社交的で、人と交わるのを好む星座です。よく喋り、知識を得ることに貪欲で、自分の考えを語りたいと思う人が多い星座です。笑うことが好きなユーモリストで、人を楽しませようとするサービス精神に充ちています。

たくさんの人がいるのが、この世界である。そこで生きていかなければならない。それが、山羊座の前提です。

ですから、そこで生きていくための確かな力を得ようと、山羊座は責任を持って努力します。それは、自分では呼吸をするように自然なことだろうと思います。ストイックに自分を縛り上げるというより、「スキだからやってるんです」という感覚だろうと思います。自分は飽きっぽい、と自覚している山羊座も少なくありません。でも、それは飽きっぽいのではなく、「結果が出ないとすぐに見切りをつける」からそうなるようです。「たしかに実現したい」という固い意志を持っているため、実現しそうもないことからは、早めに手を引くわけです。

一方、見込みがあると思えたなら、山羊座はどんなときでも、時間や手間をかけることを惜しみません。価値がある、と思えたことについて、山羊座はとても気前のよい星座です。慎重で保守的、とされる星座のはずが、びっくりするような行動力で、周囲をも巻き込みながら動くことができます。

人を好きになったり、趣味を得たりするとき、山羊座はとても慎重です。なかなか「イイ」とはいいません。でも、ひとたび「イイ」と思ったなら、どこまでもそれを追求してやみません。

山羊座はとても誠実な星座だといわれます。

自分自身も、時間の波に耐える確かさを持っていたいのだと思います。

心変わりを、山羊座は自分に対して許しません。

あるいは、なかなか、人を容れることを許さないため、オープンなように見えて心のなかが、常に孤独のままになっている人も、少なくないようです。

他人には惜しみなく力を尽くし、多くの人から感謝されますし、頼られます。

その「頼りにされる」感覚を、山羊座はなによりの自らの鎧兜だと感じ、安堵できるようです。

守っているつもりが、実は守られている。そんな面も持っている山羊座です。

一番頑張って愛しているつもりでいるときの山羊座は、もっとも人から愛されている存在です。

山羊座の愛はなかなか表に現れませんが、深く、強く、なによりも確かです。

簡単に信用しない、安請け合いしない山羊座は、悲観的で懐疑主義だとされることもあります。

ですがこれは、冒頭から述べた山羊座のしくみに起因した、誠実さの一種です。

山羊座は、人間がどんなに弱い生き物かを熟知している星座です。

人間の弱さは、人間の美しい理想や高尚な思想を簡単に打ち砕きます。三日坊主や思想の転向、巻き添えを食うことを恐れて友を裏切ったり、財産を守るために人を欺いたりするのが人間です。

そういう人間の弱さを知った上で、そんな弱さを守るための場を作り上げようとするのが山羊座の世界です。ですから、簡単に人を信用するわけにはいかないのです。

山羊座が保守的であるということも、このようなしくみに起因しています。

長いこと使って時間に鍛え上げられたものであれば信用できます。そうでない、新しいものや珍しいものは、まずは疑ってかからねばなりません。

でなければ、山羊座が守っている弱いものたちに致命的な害が及ぶかもしれないからです。

山羊座の愛は、「たしかに守る」愛です。それを害するものは完全に排除します。

彼らの愛がなによりも信用できる所以です。

守る力、実現する力に重きを置くため、それがひとたび崩されると、彼らはときに、脆くも崩壊してしまいます。

なにも信用できなくなり、膝を崩して座り込んでしまいます。

彼らが立ち上がるためには、なんらかの「手応え」が必要です。

この世の中に、他者に、なんらかの存在に向かって、たしかに自分が力を及ぼしている、というその手応えです。

メッセージ

人生ではうまくいかないことがたくさんあります。思い通りにならないことだらけです。

貴方はそれを十分に理解した上で、そこで、あえて生きようとする人です。

貴方の「生」は、個人的なものではありません。

貴方の人生には常に多くの人々がいて、貴方は彼らに対して、自然に「守ろう」「働きかけよう」とします。

身体が勝手に動くのです。リクツではないだろうと思います。

うまくいかないこと、思い通りにならないこと、それらを荷物にまとめて軽々と背負って、貴方は人々に手を差し出します。

周囲の人々の命を生かすため、うまくいかないことや思い通りにならないことに敢然と立ち向かい続けて、決して逃げないのです。

たとえ、ひとりぼっちで歌を歌っているときでも、貴方の歌はきっと、だれかのために機能しています。

ですから、ひとたび「自分は役に立っていない」と感じると、人生のすべてに対して、意味が感じられなくなってしまうかもしれません。

自分がそこにいてはいけないと感じてしまうかもしれません。

あるいは、焦りのあまり、もっと大きな力を手に入れて、他者に働きかけたいと思うかもしれません。重要な存在になり、また自分の「価値」をとりもどそうと、必死になってしまうかもしれません。

世の中には、他人に力を及ぼすための道具が散らばっています。

地位、学歴、名誉、家柄、職業の名前、会社の名前、資格、容姿、財産や車、他にもたくさんの魔法の護符があります。

それらがあれば、強くなれそうな気がします。

もっと重要な人物として、立ち上がれそうな気がします。

家族や恋人を養うことで、自分の居場所を実感できるかもしれません。

与えれば与えただけ、相手にとってかけがえのない人になれる気がするかもしれません。

でも、本当にそうでしょうか。

もし貴方が、自分の無力や弱さに失望して涙のなかにあるなら、少しだけ考えてみてください。

貴方はだれに、なにをしてきたでしょうか。

貴方はどうして、だれかになにかしてあげたいと思うのでしょうか。

なぜ、「他者」への力は、貴方を勇気づけ、安心させてくれるのでしょうか。

思うに、貴方を強めてくれているもの、それは、貴方が守っているはずの弱い人たちのその、「弱さ」ではないでしょうか。

翻っていえば、貴方に対してその人たちは、ある種の「権力」を持っているといえるかもしれません。

貴方が守らなければならないその人たちが、貴方を定義し、居場所を提供し、安心させてくれていたのです。

今、貴方が、「だれにもなにもしてあげられない、自分は無力だ」と感じているなら、少しだけ、立場を逆転させて考えてください。

冒頭のたとえ話で、失われた子どもや、待ち続けた恋人から見た世界や主人公は、いったいどんな様子をしていたでしょうか。

この主人公は、彼らを守り育てたいと願いました。

彼らはこの主人公に守られている弱い存在です。

でも、実際のところ、もっとも彼らを必要としているのは、この主人公のほうです。

弱ったとき、力をなくしたとき、自分の弱さを相手のほうに投げかけることができるのが、本当の強さです。その強さを手に入れたとき、貴方の本来の「人を守る力」「実現する力」は、深みと容量を増すでしょう。できることがもっと広く、濃くなっていくでしょう。

貴方は、人を操作したり支配したりしたいわけでは、ないのです。本当は、だれかを「養いたい」わけではないのです。

貴方がしたいのは、だれかのための場を作ることです。

だれかにとって確かなよりどころとなる「世界」を運営することです。

それによって、貴方も生命力を得るのだろうと思います。

だれかの命を生かすのは、ただお金や食べもの、家や安全を提供する力ではありません。

人はだれでも、自分で自分を生かしたとき、幸福になります。自分がだれかを活かしたときには、もっと幸福になります。ですからしばしば、貴方自身の弱さが、だれかを活かすための場となることもあり得るのです。

貴方が疲れて弱ったとき、自分の無力に膝をついたときは、どうか、それを思い出していただきたいと思うのです。

水 瓶 座

Aquarius

フェアリーテイル Aquarius

水瓶座を、お話にたとえるなら、こういう感じです（お話は山羊座から続いています）。

私の事業は、山あり谷ありをなんとか乗り越えつつ、年々樹木のように土地に根を張り、枝を伸ばしていきました。ふたりの息子もすくすくと成長し、やがて私の事業を手伝うようになりました。ひとかどの名前と、信頼される店を持ち、温かい家庭とすばらしい従業員にも恵まれ、私は幸福な年月を過ごし、いつしか初老の年代に手が届こうとしていました。

そんなある日、私は、ある男に出会いました。

酒場で仲間同士話しこんでいた席に、彼はおもむろに近寄ってきました。

私がかつて住んでいた町を通ってここまで来た、というところから話が弾み、町の様子やこの町でのできごとなどの雑談に及びました。旅人だと自称するとおり、なりは粗末でしたが、話し方は知性にあふれ、不思議な魅力を持っていました。

ふと会話がとぎれたとき、彼はポケットから1枚の紙を出しました。のぞき込むと、そこには、車輪の図が描かれていました。

旅でも町の中でも、我々は荷車を用います。彼はその車輪の話をしはじめたのです。彼によれば、ちょっとした工夫をすると、今までよりも車輪と車軸にうまく力を分散でき、荷車を引く家畜への負担も、荷物への衝撃も軽減できる、というのです。

私はその話に興味を持ちました。彼の図面にはわかりにくい部分もありましたが、その「しくみ」の説明には、説得力を感じました。

他の仲間たちは、彼を山師扱いし、まったく関心を払いませんでした。でも、私は、別に話を聞くだけならなんの問題もない、と思ったのと、なにより彼自身に興味を感じたのとで、次の日、店に私を訪ねてくるよう頼みました。彼は快諾しました。

彼が訪ねてくると、私は自分の家の荷車のところに彼を引っ張っていきました。実物を前にして、話はさらにわかりやすくなりました。しくみがおおよそわかると、私は彼を昼食に招きました。そして、彼の今までの経歴やこれからの計画などを詳しく聞きました。

彼は、この工夫によって一山当てたいと思っているわけではありませんでした。ただ、これが実用化されれば便利だと思うし、広めてみたい、と言うのです。彼はもともと、ある小さな村に住んでいましたが、このような道具の工夫が大好きで、職人として身を立てたいと考え、村を出たのだそうです。放浪の旅を続けながら、行く先々の職人の家に頼み込んで下働きをしつつ、様々なことを学び、自分のアイデアを実現しようとしました。でも、彼の話に耳を傾ける人はわずかで、彼の旅は、あまり愉快なものではなかったのです。

彼の話は、ウソがないように感じられました。それになんとなく、私は彼と噛み合うものを感じていました。彼は真剣で、知的好奇心に満ちていて、無欲な明るい人間のようでした。

彼が言うには、先の車輪の工夫にはもう少し手直しが必要であり、そのための実験材料が必要でした。

私は、すでに仕事の大部分を成人した息子に任せていましたので、ここでひとつ、この男と一緒になって仕事をしてみる気持ちになりました。

私は自分の馬小屋を改造し、彼との実験室を作り上げました。

そして、実際に車輪を組み立て直したり壊したりしながら、彼のアイデアが形になるよう、ふたりで試行錯誤を繰り返しました。

そんな私の変化を、耄碌したという人もいれば、おもしろがって嗤う人もいましたが、私は気にとめませんでした。

私たちは実に気が合いました。私は彼のために部屋を用意し、さらに研究を重ねました。

するとおもしろいことに、この研究に興味を持つ仲間が出てきました。いつのまにか、実験室には数人の仲間が集うようになったのです。

こうしてやっと、彼のアイデアを形にすることができました。

それは、普通の荷車の一部を分解し、新しい部品を取り付けることでできる一種の「改造」でした。それをすると、車体への負荷が軽くなり、揺れを軽減でき、荷物への衝撃もやわらぐほか、それを引く家畜への負担が減るため、相当速く走れるようになるのでした。

私たちは最初から、この工夫を金儲けのために使うこ

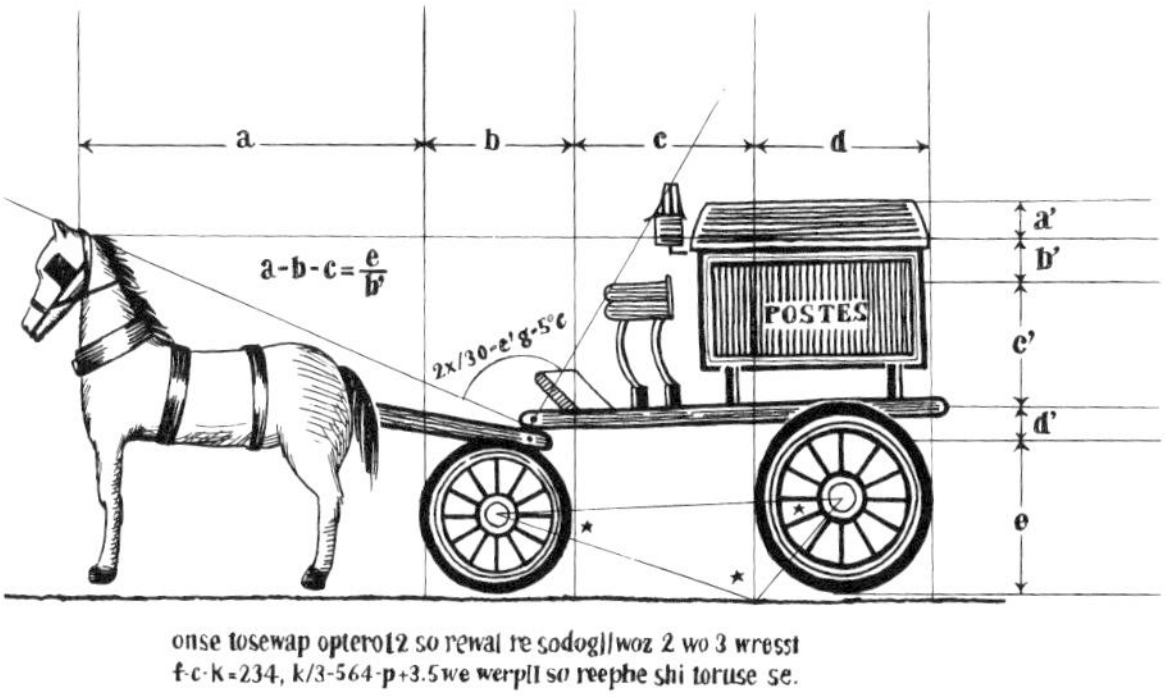

とはない、と取り決めていました。彼がやっていける程度の見返りは必要ですが、それで利益を上げたり事業を興そうというのではなく、農家や同業者に広く伝えて、ただ、役立ててもらおうと考えたのです。

このエ夫の噂はすぐに広まり、多くの人がやってくるようになりました。私は彼に工房を持たせ、そこで新しい工夫を考えたり、彼の「改造」を求める人に応えたりできるよう取りはからいました。

数年で、彼は充分以上に身を立てることができ、私に金を返しはじめました。

でも私は、そんなことを望んで彼の世話を焼いたのではありませんでした。

彼の仕事やアイデアは大変おもしろく、荷車の仕事が成功したあとも、私はしばしば彼の工房に出向いては、一緒になって実験や工作を楽しみました。

彼は私の親友となりました。

そこには、仕事や利害のまったく関係ない友情が育ち、さらに、同じような友情を共有できる仲間が集まりました。

あるとき、彼は、この荷車の工夫をふるさとの村に持って帰りたい、と言い出しました。

そのしくみと改造の仕方を教えさえすれば、農家の人々は自分たちでこの「改造」を行えるだろう、祭りのような場で勉強会を開けば、みんな来てくれるはずだ、そこでわずかの募金を募りたいのだが、この計画を手伝ってもらえないだろうか、と言うのです。

さらに、彼は言いました。

じつは、私はその村で生まれたのではなく、その近くの孤児院にあずけられていたのです。ですからその募金を、世話になった孤児院に寄付したいのです。

聞けば、孤児院は私が昔いた町のすぐ近くにあるのでした。

私は、不思議な縁を感じ、この彼のおもしろい計画に参加することにしました。

このたとえ話は、このあと、魚座のお話に続いてゆきます。

ひとまず、水瓶座の段階はここまでです。

水瓶座のしくみ

旅に出た射手座の段階から、一国一城を得る山羊座の段階へ。

主人公は一歩一歩、迷いながらも確実に人生の歩を進めました。ときに、古巣の主人から誤解を受けたり、かけがえのない子どもを失ったりする不幸にも出会いましたが、彼はそれを乗り越えて、確かな地位と財産を手に入れました。

そんなある日、彼は奇妙な人物に出会います。

その人物は、なににとらわれることもない、まったく自由な存在でした。

主人公の仲間たちがそうだったように、彼もそんな風来坊にかかりあうような身分の人間ではありませんでした。ですが、彼はそんな壁を乗り越えて、この旅の男とある種の友情を結ぶことになります。

一国一城を得て、確かな「居場所」を築き上げ、そこにたくさんの人との輪を作る。それが、山羊座の段階です。ここは安心で、手応えもある充実した場所です。

ですがそこで、人は、ひとつの疑問を感じるのです。「場」に属する自分は、たしかに、必要とされ、だれかの役に立つ存在です。ですが、「私」という個人はいったい、そこでどんな意味を持つのでしょう。

山羊座の世界では、すべては合議と「みんなのため」から決まります。最初、この「合議」は、人々の様々な個性が有機的に組み合わされ、とてもダイナミックに、いきいきと動きます。自分の個性によって自分の居場所を得、人々は自分が自分であることを実感できます。創業期の企業は、ちょうどそんなイメージです。思いがけない個性が、新たなチャンスを生み出すのです。

ですが、時間を経るにしたがって、「城」はどんどん大きくなっていきます。組織が大きくなると、業務は細分化され、個性を失っていきます。独立した個人の意志やビジョン、個性は、時間を重ねた山羊座の世界では、邪魔なものとされがちです。自分ひとりが勝手な行動をとれば、城の中の役割分担が崩れてしまいます。「みんなのため」には、みんなが少しずつガマンをし、平等に、安全に幸福を分け合うことになります。政略結婚などはその典型です。社会的な安定のために、個人の人生に対する意志決定権が、ある程度以上に無視されてしまうのです。この世界では「外側に対する防衛」と「内側の安全」という論理のもと、いくつかの価値観が絶対的な力を生み出し、人々はだんだん均質になっていきます。

「組織の歯車」という言葉がありますが、その意味するとおり、「全体」の安定・成長のために「個」の個別性は失われてしまうのです。


でも、人間は、だれもが個性を持った存在です。

他のだれとも違っています。

自分独自の意見があり、頭脳があり、意志があって、理想があります。

アイデアは自分のものですし、創作も自分のものです。

そうした、個人と個人のあいだには、「立場による力関係」ではなく、あくまで公平な、お互いに自立した存在同士のあいだだけで成り立つ「友情」が結ばれます。


水瓶座は、山羊座の象徴する「組織」「城」のような、場としての集団から飛び出した先にある星座です。

山羊座の世界は、様々な文化や伝統から成り立っています。それらは、長い時間のなかで確かな価値を伝えるための砦であり、力です。

ですが、水瓶座はそれに疑問を投げかけます。

あるルールがあったとして、いったいそれはなんの役に立つのか。

ある規範があったとして、いったいそれはなにを根拠にしているのか。

昔は正しかった価値観も、今はそうではないこともあります。


たとえば、古代においては、女性は家の中にいる従属的存在でしたが、今の社会では男性と同等の権利と自由を持ち、望めばどこにでも出て行けます。

古代における女性の美徳と、現代において「よし」とされる女性像は、大きく異なっています。

時代時代において、多くの男女が、古いしきたりに「なんのために？」と問うてその答えがなかったとき、彼らは古いしきたりを打ち壊し、あるいは無視して、新しいしくみや力を育ててきました。

このような動きはまさに、水瓶座的、といえます。

水瓶座は、その社会が持っているルールや価値観に出会ったとき、ゼロからその意味を問い直そうとします。

自分の頭で考えて、自分のおなかで納得するまで、問いかけをやめようとはしません。

これが水瓶座の基本的なあり方です。

純粋性

水瓶座は常に、自分の思考回路に拠って立とうとします。

他人の考えを鵜呑みにしたり、社会の価値観をそのまま自分の価値観に置き換えたりすることはありません。

では、水瓶座はなにをもって「是」とし、なにをもって「否」とするのでしょうか。

水瓶座のなかには、ストイックといいたいほどの「美」が内蔵されています。

これが、彼らの判断の根本的基準となっています。

「美」といってもそれは、装飾的な美や、技巧を凝らした美ではありません。

水瓶座の「美」は、純粋さ、潔癖さに類するものです。

彼らは公平で、独立していて、とらわれない自由な眼差しと心を持っています。

彼らは理性で物事を判断していますが、その判断基準は、絶対的美意識という、かならずしも論理的ではない観念に置かれているのです。

誠実な友情と優しさ、損得を考えない献身も水瓶座の特徴です。

水瓶座の人を友だちに持った人ならだれでも、この、少年少女のようにピュアな美しさに触れたことがあるはずです。

彼らが「友人」に相対するとき、そこには打算の影は一切ありません。

彼らは、どんな差別も受け付けません。

ウソを憎み、常に公平であろうとし、まっすぐな眼差しを保っているのが水瓶座です。

多くの人が「寄らば大樹の陰」とばかりに、大きな組織や権力に寄り添おうとします。

だれもが、自分を守ってくれる権威を心の奥底で求めています。

学歴や資格、財産や不動産、有名人の知り合いなど、否応なく自慢できるものに、なんと多くの人が憧れていることでしょうか。

肩書きや名声があれば、その人がなにを語っているかなど知らなくても、多くの人がその人に投票したり支持したりします。

このようなメンタリティは、水瓶座からはもっとも遠いところにあるものです。

水瓶座は、権威主義を嫌悪し、自らの美意識に徹底した自信を持っています。

自分の頭で深く考える水瓶座は、同時に、自分の頭で考えて出した結論に節操を貫く星座でもあります。

彼らは決して、表面にごまかされることはありません。

少なくとも、ごまかされないようにしようと、懸命に目を見開いています。

そして、誤りに気づけば、実に素直にこだわりなく、前言を撤回します。

そのような、子どものように純粋無邪気の心をいくつになっても宿すことができるのが、水瓶座という星座のしくみなのです。

＊＊＊

「思想というものは、人間的な環境に受肉してはじめて存在の充溢に達するのです。わたしが環境という言葉で意味するのは、外部の世界へと開かれ、それをとりまく社会にあまねく潤され、この社会の総体と接触を保っているなにかであって、ひとりの師のまわりに集う弟子たちによる閉じられた集団ではありません」　（『ヴェイユの言葉』みすず書房／シモーヌ・ヴェイユ／冨原眞弓編訳）

水瓶座の思想家、シモーヌ・ヴェイユの言葉です。

これはキリスト教の「教団」を批判した表現ですが、いかにも水瓶座らしい自由への希求に充ちているように、私には思えます。

外部の世界へと開かれ、それを取り巻く社会と接触を持つ環境。これが、「ひとりの師の周りに集う弟子たちによる閉じられた集団」と対置して語られています。

ひとりの師の周りに集う閉じられた集団、というイメージは、水瓶座から見た山羊座の世界の印象にぴったり重なります。

彼女は幼いころから高い教育を受け、順調に学校教師としての職を得ました。ですが、あえて自ら工場労働や義勇軍のなかに飛び込んで、そこで「社会」を体感しようとします。

権威や社会制度に守られた安全な場所から、正義と公平を求めて飛び出していくその姿は、非常にストイックです。

工場労働はただでさえ身体の弱かった彼女に、思考を不可能にするほどの疲労をもたらしました。彼女は工場に入るとき打つタイムカードとともに魂をあずけておき、帰りにそれを返してもらえたらいいのに、と歎息します。

その後、人が人を傷つけること、血が流れることの醜悪さに徹底的に抵抗すべく、彼女は反戦のハンガーストライキを行います。そしてそれが原因で、34歳の若さで生涯を閉じます。

規制の社会の枠組みから飛び出し、自分の体験として真実を求め、そこで探し当てた美の論理にかたくなにしたがって社会の矛盾に抵抗する。

彼女の生き方には、水瓶座のありかたがそのまま現れているように思えてなりません。

単に美と純粋を愛するだけであれば、世界のなかにそのようなものを見いだし続けることも可能です。芸術家になるという方法もあります。宗教の世界に身を投じて社会のらち外に出てしまうこともできます。

でも、水瓶座のありかたは、それでは納得できないのです。

なにかに対して、「ノー」と言い続けなければならないのです。

水瓶座の世界には、美への熱望と同時に、ある否定と怒りが渦巻いています。

水瓶座は、美を求めるために、反抗の対象を無意識に探してしまうのです。

あるいは、反抗という形で美を表現する、といってもいいかもしれません。

これは、どうしてなのでしょうか。

自分を飲み込もうとする「社会」「世界」の力は強大です。そこからあえて自己を「個」として切り出すには、強い反発力が必要です。

水瓶座の世界を表現する言葉に「自由」があります。

この「自由」は、集団組織や社会に対する「個」と同じ意味を持っているようです。

彼らの「抵抗」「批判」は、自分を人間的個性として集団の匿名性から切り出すための国境であり、アウトラインです。自他を区別し、アイデンティファイするためのその、重力を逃れる手段が、水瓶座の抵抗と批判なのです。


ただし彼らは、自分個人の自由のためにだけ闘うわけではありません。

ヴェイユの言葉をもうひとつ、ご紹介します。


「正義という独特の美しい語には、フランスの合言葉《スローガン》たる三語の意味がすべて含まれる。自由、それは同意を与える実質的な可能性である。自由との関連でのみ平等が必要となる。友愛の精神とは自由を万人に望むことである」（『ヴェイユの言葉』みすず書房／シモーヌ・ヴェイユ／冨原眞弓編訳）

彼らは自分を飲み込む集団から離脱しようとしますが、同時に、自分を取り巻く人々と深く関わろうとしているのです。

自分を集団に結びつける「間違った鎖」を切り離し、まったく新しい「正しい糸」でつなごうとするのが、水瓶座の真の欲求なのかもしれません。

水瓶座が欲する「美」は、無機物のなかにはありません。

彼らが求める美がどんなに純粋無垢であっても、それらは結局、混沌とした人間存在のなかにあるものなのです。

神話

水瓶座のモチーフは、神々の酒宴でお酌をするガニュメデスという美少年が手にした、金色の杯です。神々の飲むお酒は、「ネクタル」というルビー色をした特別のお酒で、不老不死の妙薬とされています。

ガニュメデスは、もともとは人間です。

神々の酒宴のお酌は、それまでゼウスとヘラの娘であるヘベの役目だったのですが、彼女がお嫁に行くことになり、その後継者として、美少年・ガニュメデスがゼウスの目に留まりました。ゼウスは鷲に姿を変えて、ガニュメデスを連れ去ります。こうして、彼は天界で永遠の命を得ることになりました。

この、ガニュメデスを連れ去った「鷲」は、ゼウスが姿を変えたものとも、ゼウスの使いともいわれています。

鷲はその他にも、ゼウスの雷光を背負う生き物とされ、地上の情報を集めたり、地上に天界の情報を届けたりする存在、ということになっています。

さらには、神々の口にするネクタルを運んでくるのも、鷲だとする記述があるようです。

鷲には、このように、ゼウスの使いであり、意志や神々の力を運ぶことができる不思議な力を持った存在、というイメージがつきまとっています。

水瓶座は、その名前から「水の星座」だと誤解されることも多いようです。

ですが、水瓶座は「風の星座」です。風は、星占いの世界では、「交通」「コミュニケーション」を意味します。言葉や乗り物などを使って、なにかを「運び届ける」のが風の機能です。

水瓶座は、交通、特に航空機に関連づけられます。ＩＴや宇宙開発などの新しいテクノロジーも、水瓶座の管轄です。

人の心や意志、気持ち、意味や価値、肉体など、人間存在にとって「本当に大切なもの」を、水瓶座は「運ぶ」「整理する」機能を持っている、といえるかもしれません。

水瓶座は論理的で、物事の「しくみ」を見いだそうとする星座です。

神秘的なものや「感情」のようなあやふやなものを、決してそのままにしておこうとはしません。

権力や責任のようなものも、水瓶座は論理的に解体します。精神論で押し通すような態度を拒否します。

水瓶の湛えている「水」、神話の上での「酒」は、神秘的で、論理ではかりにくい存在です。

そのような「論理ではかりにくいもの」を、水瓶はきちんと管理しようとします。

酌婦が酌夫にかわった、というのもなかなか印象的です。

水瓶座はユニセックスな傾向を持つ星座です。

不思議なことに、この中性的な印象が、独特の性的魅力となって周囲の人を惹きつけることも多いようです。

不思議な力、やわらかな感情、純粋な美、透明な正義。

そういったものをきちんと「取り扱う」ための力として、経験に基づく冷静で客観的な知力、自分の頭で考えようとする自立心、中性的な、横暴でも依存的でもない心、誠実な友愛の精神、などが挙げられます。

これらはすべて、水瓶座に属するとされる力です。

やわらかく大切なものを扱うための、鋭く硬質な力です。

スケッチ

1月21日〜2月19日に生まれた方は、水瓶座に太陽を持っています。いわゆる水瓶座生まれです。境目の日付は年によってずれます。

水瓶座の人は一般には、「ユニーク」と評されます。

個人主義で、集団行動に適さない人も多いようです。

そのアイデアは独自性に富み、他人の意見におぃそれと従わないために、「ユニーク」という表現が為されるのでしょう。

「普通ならこういう道を歩くだろう」

という仮定に、水瓶座はほとんど反感のようなものを感じるようです。

「みんなと一緒」を嫌がり、常に独自性の強いあり方を追い求めます。

子どもの「反抗期」は、自分で自分の力や手応えを感じ、親の羽交いから抜け出そうとする時期ですが、水瓶座にはどうも、一生涯、そんな気分があるようです。

安穏と守られ、他人の造ったレールを歩む、ということは、水瓶座にとっては「窒息」を意味します。


「ユニーク」イコール、「人から誤解されやすい」「なかなか理解されない」という傾向も出てきます。ですが、水瓶座の独自性は、「理解できない」ものではありません。

彼らの独自性は、「自分の頭でゼロから論理的に考える」ところに発生します。

ですから、なにかおかしな意見を持っていたとしても、その水瓶座の人によくよく話を聞いてみれば、最終的には「なるほど！」と納得できるのです。

彼らは、突拍子もないことを直観で話しているのではありません。スジミチがあり、因果律があるのです。熟考熟慮の末、その少々特異な「結論」を導き出しているのです。

ですから、彼らのユーモラスなアイデアについて、彼らは自分で、だれにでもわかるよう論理的にその理由を説明することができるのです。


水瓶座は、友情に厚く、中性的なイメージを持つ、とされる星座です。

彼らがひとたびだれかに友情を感じると、そのあとは文字通り「親身」のつきあいがはじまります。彼らは相手のことをよく考え、惜しみなく助力を注ぎます。へだてなく声をかけますし、何時間でも親しく会話してくれます。

ですから、水瓶座の「友情」が異性に向かうと、しばしば誤解されることもあるようです。性的な力はひとつの「権力」ですが、水瓶座はそれに頼ることを潔しとしません。

常に物事の「しくみ」に興味を持つ傾向が、水瓶座にはあります。

機械を解体することが好きな人も多い星座です。

男女問わず、電化製品や飛行機などの現代的乗り物が好きで、新しいテクノロジーに接することにまったく抵抗がないようです。「機械音痴」はほとんど見あたりません。

美しさを表現されるより、構造を説明されるほうが、水瓶座の心はときめきます。

恋愛においても、あまりロマンティックな贈り物ができません。

彼らは純粋で、論理的で、公平で、独自の理想を持っています。

心は美しく、繊細で、強そうに見えて、寂しがり屋です。

水瓶座の人と一緒にいると、ときに「振り回される」という気分になりますが、彼らの価値観ややり方をある程度、パターンとして理解してしまえば、これほど信用できる相手もいないということに、気づくはずです。

メッセージ

正しいか、正しくないか。

だれかが悪いのか、自分が悪いのか。

論理的かつ理性的な貴方は、なにか問題が起こると、その問題を詳しく分析しようとします。

原因をつきとめ、その原因を解消しない限り、問題は根本解決し得ない、と考えます。

それはとても正しい態度です。

どんな問題でも、ことをわけて冷静に考えていけば、かならず原因があり、原因となるだれかの行動があり、それを修正しなければならないことがわかるはずです。


でも、そんな冷静な貴方がしばしば、まったく解決不能な問題の虜になってしまうのは、どうしてなのでしょうか。

周囲を見れば、貴方と似たような問題を抱えていて、かつ、貴方ほど論理的でない人もたくさんいるようです。

なのに、どうも彼らのほうが、ウマイ具合に問題を乗り越えているように見えるのは、いったいどうしてなのでしょう。

貴方は、理性と論理の人です。自立した思考力と対等な人間関係力に恵まれた、非常に「確かな」人です。

でも、その内面には、もうひとりの貴方がいます。

貴方は寂しがり屋で、ちょっとワガママで、たくさんのものを手に入れたい貪欲な人です。

人間はだれもが、心のなかに、そんな自分でもなかなか制御のできない、やわらかい奔流のようなものを持っています。

そしてそれを、思考や理性や意志の力で取り扱おうと努力しています。

貴方が、理性的に振る舞おうとすればするほど、リクツで整理しようとすればするほど、泥沼にはまって動けなくなってしまうとき、できればこのことを思い出していただきたいのです。

貴方は「水瓶座」です。その水瓶は、水という厄介な存在をたしかに人々のために使う目的で作られています。

水は、感情であり、この世の矛盾であり、心にいっぱいにたまってしまうものであり、涙であり、欲望でもあります。

そんな、生命力の源だけれども、取り扱いを間違うと命を奪ってしまうようなものに「取り組む」のが、水瓶の水瓶たる所以です。

貴方がリクツの泥沼で動けなくなるときはたいてい、この「水」の存在を無視したり否定したりしているときです。

つまり、主従が入れ替わってしまっているのです。

水のために、水瓶があります。

そして、貴方はゆたかな水を持った人です。

貴方のなかにある、寂しがり屋や、涙もろさや、甘ったれのかわいい「ハート」が、その「水」です。

それは神々を不死にできるほどのパワーを持った、貴重な宝物です。

これは、論理でぶつ切りにすることは不可能ですし、善悪の別もありません。

貴方のなかにそういうやわらかいものが存在することを思い出したとき、リクツの泥沼から脱出するための蜘蛛の糸が、見つかるだろうと思います。

魚　座

Pisces

フェアリーテイル

Pisces

魚座を、お話にたとえるなら、こういう感じです（お話は水瓶座から続いています）。

孤児院への寄付を集めるために、荷車の改造方法を農村の祭りで発表する。

このおもしろい計画を成功させるために、私たちは念入りに準備しました。デモンストレーション用の荷車を作り、実験を重ねました。詳しい手順書やビラを作り、使いをやって村の重要人物と交渉させせました。

彼も自分の村に一度もどり、育ての親と再会しました。彼は、この荷車改修の仕事で貯めた金を、長いあいだ心配をかけたお礼に渡しました。

祭りでの計画は、地元の人にも快く受け入れられました。それは、彼の養父母が彼の仕事に感動し、応援してくれたからでした。

私も祭りには立ち会うつもりでしたので、数日前に村に到着できるよう、町を出発しました。

この旅には、妻も同行しました。

この旅で、共に苦労を重ねた彼女を、少しでも楽しませ、慰労したかったのです。


数日の旅で、その村にたどり着きました。

私たちはその村に1軒だけある宿に滞在しました。居心地のよい、素朴な宿でした。

私は、私が厄介になっていたあの宿屋のことを思い出しました。

ここはとても質朴な田舎の宿で、あの喧噪と活気に満ちた町とはまったく似ていませんでしたが、旅人を迎える雰囲気の懐かしさは、私の心を打ちました。


件の孤児院は、村を出てすぐの森を抜けた、海辺にありました。その孤児院は、古い教会によって運営されているのだそうです。

私は彼に伴われて、そこに挨拶に行くことにしました。


するとなんだか、妙な感じがしました。

それは、育ての親が住む町、私が忘れてしまっていたあの町に帰ったときに感じたのと同じでした。

森をまっすぐ行く道を、私は通ったことがあるような気がしました。

この先にどんな光景があるのか、もうわかっていました。

それは、墓地の中にある教会でした。

私は、案内してくれていた彼をいつのまにか追い抜き、どんどん先に進んでいました。

頭の中は空っぽで、ただその先に行きつきたいと、身体が勝手に動きました。

彼も、一緒にいた妻もおそらく驚いたでしょうが、私になにかが起こったことを察して、黙ってついてきてくれました。

どんどん先に進むと、あの教会がありました。

古い教会の扉、あの扉がどんなに重い扉か、私にはわかっていました。

どんなに押しても開かないのです。

私はその扉を、内側から押したことがあるからわかるのです。

かつて、この扉を何度も何度も、私は押し続けました。

そしてようやくある日、それが開いたのです。

私は光の世界に飛び出し、そこから私の人生ははじまったのでした。

私は長いこと、この中にいて苦しんでいたのです。

私も、彼と同じだったのです。

幼いころ、私もここにいました。

ですがこの中では、孤独でした。世話係だった修道士に嫌われ、辛く当たられていました。抑圧的な規律に縛られた、暗い日々でした。あのころはこの教会は大変貧しく、子どもへの教育や愛情などはまったく行き届かなかったのです。食事もままならないことも時折、ありました。

当時の寂しさと辛さが胸によみがえり、私は生々しい鋭い痛みを感じました。

私は、他の子どもと同じように、自分の親を知りたいと願いました。

それで、あるときとうとう、ここを飛び出したのです。そして行くあてもなく歩いていたとき、偶然、

最初の店の主人に拾われました。

まだ幼かった私は、思いがけなく得られた幸福な環境で、辛い思い出を忘れようとしました。できるだけ役に立って、恩人に恩を返そうと考えました。

そして成長し、店の仕事も覚えた、そんなあるとき、私はこの教会に、寄付金を届けるよう頼まれました。あの店の主人とこの教会には、古い縁があったのです。

あの日、まとまったお金を持って、私はこの教会にやってきました。

その道中、私は強盗にあったのです。

残ったのは強盗の気づかなかった嚢中のわずかな旅費だけで、私は、道ばたに放り出されていました。


そのとき、私は、不思議な夢を見たのです。

それは、教会を飛び出すときの夢でした。

幼いころ、自分がだれなのかわからなかったあの状態と、すべてを強奪された状態と、私にはふたつの状態が、まったく同じもののように感じられたのです。

そこで私は混乱し、破綻しました。

記憶はこなごなに砕けちり、私は、自分の呼び名さえ思い出せなくなったのでした。

あのとき、私はもう一度すべてを忘れて、自分を探しに飛び出したかったのかもしれません。

どのくらい経ったのか、気がつくと、妻と彼が私を心配そうに見つめているのに気づきました。振り向くと、扉の中に、老僧が立っていました。

聖堂の中に招じ入れられ、私はこの自分の奇妙な話をすべて語りました。

老僧は私を覚えていました。彼は私が飛び出した当時、この教会の修道僧でした。

教会には、子どもたちの記録が残っていました。ページをめくると、ちょうど私の年齢と符合するころに、飛び出していった子どもがいたこと、その子どもは、若くて非常に貧しい流浪の夫婦から預けられたことが記載されていました。

あとになって、その夫婦は私を引き取りに来たのだそうです。自分たちの店を持ち、ようやく、子どもを育てられるようになったと。

そのとき、すでに私はそこにはいなかったのです。

その夫婦は、もし子どもがもどってきたら、すぐに連絡をくれるように、と頼み置いていきました。

記録には、その夫婦の名前がメモされていました。

そこには、あの、私が厄介になった宿の親父さんの名前がありました。

村での催しは、大きな成功を収めました。

多くの人が荷車の改造に興味を示し、実際に使ってみて、納得の上で謝礼を持ち寄ってくれました。彼は気前よく自分の才能を人々に提供し、他の道具についての知恵をも、聞かれるがままに提供していきました。

祭りが終わって、彼と私は、自分の財産からも幾ばくかを加えて、教会に寄付をしました。そして、老僧と長いこと語り合ったあとで、私は教会とその孤児院を終生、支えていくことに決めました。事業を子どもたちに完全に譲り、今後は教会と孤児院の運営に関わっていくことにしたのです。

妻もこの決意に、快く同意してくれました。

子どもたちは、私のように乱暴に飛び出すのではなく、もっと幸福な形でこの世界に出て行かなければなりません。

それを実現させるために私は、残りの人生を使うことにしました。

宿屋の女将さんはすでに老いていましたが、健在でした。

会いに行き、すべてを話すと、しばらく黙っていたあと、静かに涙を流して私に謝りました。捨てたわけではない、あのときはああするしかなかったのだ、申し訳なかった、と繰り返しました。

私は、あの宿屋のあった町に、居を移しました。

そして「母」を引き取り、妻と３人で暮らしました。やがて息子のひとりもやってきて、この町で商売をするようになりました。


私はたびたび、あの古い教会に出向きます。

孤児院や修道院で様々な仕事をし、子どもたちの相手をしたあとで、ひとり、石段に座り、まっすぐに森の中に続く道を見つめることがあります。

この道を通ってまっすぐに出て行った、あの感じを思い出します。

すでに老い、残された時間はわずかです。

でも、どうかすると、私はこの道を駆け出して飛び出していきたい衝動を感じます。

それはかすかな感触ですが、たしかに熱を持っています。

新しい世界への憧れ、見知らぬものとの遭遇を、私は絶えず、本能的に望み続けてきたのかもしれません。

私はそこになにを求めているのだろう、と、何度か自問しました。

答えはまだ、わかりません。

でもおそらく、こういうことなのではないかと思います。

おそらく、私はそのまったく新しい世界に、自分自身と同じものを見いだしたいのではないか、ということです。


これで、12星座のたとえ話は終わりです。

魚座のしくみ

山羊座の世界で自分の城を見つけた主人公は、水瓶座の世界で「自由な自己」となりました。その「自己」は、真の友愛で結ばれた人々の方に広がっていきました。

そのあと、魚座の世界で主人公が見つけたものは、「過去」でした。

思うに、人が人として生まれ、成長を遂げ、他者と関わり、学び、居場所を得て、様々な人々と交誼を結んだそのあと、なにが残るのでしょうか。

人はひとりで生まれてきて、ひとりで死んでゆきます。

なにを求めて、どこに向かって生きていくのか。

それは最後になってみないとわからないわけですが、少なくともこの主人公は、「もといた場所」にたどり着いたようです。

魚座は、物事の価値や意味を、価値や意味「それ自体」として見る星座です。

たとえば「孤児院の子どもを助けよう」と思ったら、「だれかひとりを引き取って自分の養子にしよう」と考えてもよいわけです。その場合は、できるだけ賢くてかわいらしい子どもを選ぶかもしれません。

ですが魚座の世界では、そんな発想は出てこないのです

子どもはすべて、愛されなければならない存在です。そこでは、個性によって選ばれたりイイ思いをしたり、ということは、あり得ないのです。

命は命として、愛は愛として、幼さは幼さとして、未来は未来として、それ自体、尊重され、大切に育まれるべきなのです。

人は、人よりも優れたものを持ったり、賛美されるような存在であったりしたいと願います。

これはすべて、「個性」と呼ばれます。

「個性」は他者との比較によって生まれます。「違い」が「個性」です。

「個性」は、この世での利益を生み出し、個人を守る力の根源です。人は幼いときから常に、人と比べてどう際立っていて、人よりもどんなことができるか、を問われます。才能、身体、能力、知能、美しさ、財産。これらはすべて、他者の群れのなかから自分を際立たせ、独立させる力です。

でも、このような力は、どんなに恵まれ優れていても、究極には相対的です。ある美女がいたとしても、それより美しい人がかならず現れます。若々しさはいつか枯れ、もっと若く美しい人にその場を譲らなければなりません。身体的能力も、頭脳も、優れている人の上にはかならずもっと優れた人がいるものです。「絶対的に他人より優れた価値のある人」というのは、この世には存在しません。

そんな不確かではかないもののために、人は生きているのでしょうか。

健康で若く美しく賢く、たくさんのものを持っていて他人よりゆたかであること。賞賛され、憧れられ、安全であって、恵まれていること。

それが、この世での最高の価値であり、人間の究極の幸せなのでしょうか。

水瓶座の段階にきて「自由な個人」となったとき、人はある疑問を抱きます。

自分の個性、自分の自立、自分の思考、それらはいったい「なんのための」ものなのか、ということです。

生まれてきて、勉強し人と関わり自らを鍛え、多くを獲得し、人と交わり、家族を持ち、そして、年老いていきます。老いるほどに、若いころ持っていたものは少しずつ、失われていきます。最後にはなにを持つこともなく、死んでゆかなければなりません。

いったい、これはなんのための人生で、なんのための自分なのでしょうか。

究極には、人は、なんのために生きているのか。

この問いに答えようとするのが、魚座の世界です。

＊
＊
＊

魚座の扱うテーマのなかに、「宗教」があります。

高名な政治家も、裕福な実業家も、なにも持たない貧しい人も、有力者も、使用人も、どんなに賢い人も、どんなに間抜けな人も、みんな神や仏の前では同じ「人間」にすぎません。みんな神の子だというだけであり、みんな仏の弟子だというにすぎません。少なくとも、教義や聖典の上では、そういうことになっています。教会や宗教組織はしばしば、俗世よりも醜い権力闘争の繰り広げられる階級社会となっているようですが、その「教え」自体は、どんな宗教でも、決してそんなことを目指してはいないはずです。少なくとも、魚座の象徴する「宗教」は、階級社会のことではありません。

神や仏など、聖なる存在の前に立つと、俗世界での上下関係は消え去ります。

わずかに、教えを広める立場の人と、それを教わる立場の人に分かれるだけです。

教祖や「師」と呼ばれる立場の人々と、それ以外の信者が存在する、それだけです。

信者のほうでも、その教えを学びきわめれば（基本的にはそれだけで）「師」になることができます。

経済的にできるだけ多く獲得することを多くの人が目指しています。

宗教的には、すべて他者に与えてしまって自分はなにも持たないことが尊いのです。

家族を愛し守ることは多数の人に支持されるゆるぎない正義です。

宗教的には、家族を捨てて出家した人が「聖人」「僧」としてあがめられます。

世間では死を忌みますが、宗教のなかでは死は直視できるテーマです。

教会や寺の外と中では、こんなふうに、価値は「反転」しています。

現世で人が一生懸命追い求め、それなのに、生きれば生きるほどどんどん失ってしまう「価値」。

ですが現世で失えば失うほど、宗教の世界では、獲得し続けることになるのです。

「この世の価値は虚しい、人はなんのために生きるのだろう」

魚座は、そんな「最終的な価値」を見つめる段階を意味しているのです。

＊＊＊

地球の表面の7割は海です。

陸地には血管のように川が流れています。

この海や川を自由に渡っていける「魚」は、人間が陸の上に引いた国境線や、社会的な地位の上下、財産などとはまったく無関係の存在です。

人間がまだ見たことのない、海の彼方、空の向こうまで行く力を、魚は生まれながらに持っています。

魚座は、宗教や芸術、外国、詩や音楽、治癒、あるいは「遠い世界」を扱う星座、といわれています。この「遠さ」は、物理的な距離以外にも、時間を隔てた過去とか、文化の違い、加害者と被害者の断絶など、とても広い意味での「距離」を意味しています。これらはすべて、人と人とをへだてる距離、といえそうです。

魚座はこのような、この世にあるあらゆる距離と壁を、するりと通り抜ける力を扱います。

これは、「次元」という言葉で表現できるような気がします。

たとえば、一次元は直線、二次元は平面です。

二次元空間に密室を作ろうとするなら、線で閉じた円や四角形を書くだけで事足ります。小鳥を円で囲んでしまえば、二次元の世界では、もうそこから外には出られません。

でも、三次元の世界からこの二次元の世界を見れば、どうでしょうか。

円で囲まれた鳥かごに閉じこめられたその小鳥を、ぽいと指でつまんで「上に」持ち上げることで、二次元世界の境界線は簡単に飛び越えることができます。

魚座は、そんなふうに物事のへだたりを越える力を持っています。

どんなに二次元の力で強力に壁を作っても、三次元の世界から見ればまったく意味がありません。

たとえば、生きている「この世」でどんなに地位と名声を得たとしても、老いて死ぬ瞬間に、その人の手にはなにが残っているでしょうか。

「境界」を越えるとき、その前の次元空間で意味を持っていたものは、もはや意味を成さないのです。

私はしばしば、魚座を「境界越えの星座」と呼びます。

本当に価値のあるものは、いったいなんなのか。

そのものの本当の価値は、どこにあるのか。

魚座は、独自の価値観と理想を扱う星座です。

魚座は、水の星座です。

水は「感情」を象徴しています。

水の星座は他に、蟹座と蠍座があります。

水にたとえるなら、蟹座は淡水、小川の水です。澄んでいて、陽気にキラキラと流れていきます。

感情表現がゆたかで、飲むことが容易、つまり共感が自由にできます。

一方、蠍座は地下水や沼の水、凍土などにたとえられます。

地の深いところにあって、容易にその真の姿を見ることができませんが、そこに住む生き物が生きるためのすべてを備えています。あるいは、ある生物が死んで腐り、そこから別の生き物が養分を得る、その伝達を担う水分です。

その本質は深く、なかなか言葉で語ることはできません。生命力の源泉そのもののような水です。

では、魚座の水はなんでしょうか、
魚座の水は、海です。
すべての命を包み込むような、普遍的な大きな力です。
地上の水は、最終的には海に流れ込みます。

海水が蒸発して雲になり、また、地上に雨が降り注ぎます。

魚座が担っている「感情」はそんなふうに、深く、根元的で、揺るぎがありません。

海は波立ちますし、様々に表情を変えますが、消えてなくなるということがありません。

常にそこに広がっていて、豊穣で、なんでも受け止めます。

魚座の「感情」は、しばしば「愛」という言葉に変換されます。

嬉しいとか悲しいとか、自然に人の心にわき上がって表情を作るものが、通常私たちが「感情」と呼ぶものですが、魚座のそれは、前述のように、少し違っているのです。

それはもっと深淵で、ときに不可解で、常に絶対的です。

このような力を使いこなすには、相当のパワーが必要です。

本人もときに波浪に翻弄されてしまうような、そんなスケールの大きい「感情」が、魚座の水です。

神話

魚座の神話は、ちょっと奇妙です。

神々がにぎやかに酒宴をはっていたとき、突然、テュポーンという怪物が乱入してきました。

神々は皆、慌てて逃げましたが、その際、美の女神・アフロディテとその子どもであるエロースは、魚に姿を変えて水の中に飛び込みました。このふたりははぐれてしまうことを恐れて、銀の紐でお互いの身体を結びつけました。

これが、魚座になった、といわれています。

魚座はですから、1尾の魚ではありません。「双魚宮」といわれるがごとく、2尾の魚に象徴される星座です。

12星座のうち、水の中にしか棲めない生き物に象徴されるのは、魚座だけです。

蟹座と蠍座も「水の星座」ですが、ふたつとも、完全に水の中だけに生活する生き物、というわけではありません。

さらにいえば、他のふたつの水の星座と比べると、蟹座は甲羅の中に、蠍座は毒としてそれぞれ、「内側」に水を抱えているイメージがありますが、魚座はそうではなく、広い海のほうへ自分を解放している存在です。

ある心理学では、「水」は「無意識」の象徴とされています。星占いの世界では、水は「感情」を意味します。

感情や無意識は、自分の自由にはなりません。

抑え込んだりガマンしたり無視したりすることは可能ですが、それ自体を消し去ることも、いうことを聞かせることもできません。

悲しみを感じているとき、悲しくないようにすることはできません。

恐怖心を消し去りたくても、それは消えてはくれません。

どんなに恋心が切なくても、それは心にしっかりと食い入って切り離せません。

夜、眠っているあいだに見る夢を、自分で自由に演出することは不可能です。見たくない悪夢でも、ときには見てしまいます。思い通りにはなりません。

人は昼間の生活のなかでは、自分を完全に支配しているように感じています。

「なんの罪もないのに、ひどい目にあった!」

というのは、「いいことをしていれば未来を支配できる」という発想に基づいています。人間はどういうわけか、自分がなにかしさえすればかならず、それに賞罰が正しく下される、という仮説のなかで生きています。そしてそれを、意志や行動でコントロールしようとします。

ですからしばしば、感情や無意識など、自分の自由にならないものを否定したり、無視したりします。

でも、人間はたしかに、自分のなかに「自分には自由にならないもの」を持ち合わせています。そして、その「自由にならないもの」によって、他者とつながっています。

共感、友情や愛情、恩義や絆、そういう目に見えない力こそが、人間と人間を結びつける「銀色の紐」になっています。

これらはしばしば、人を傷つけます。信頼は裏切られますし、愛情が見捨てられることもあります。なにかを自分の一部のように愛しても、いつかは別れがやってきます。心変わりしなかったとしても、同時に死ぬことは不可能ですし、死は他人と共有することはできません。死ぬときは人は、ひとりで死にます。

魚座はしかし、そんな「喪失」の涙までをも背負って、人とのつながりを求めます。

存在は儚く、個人はかならず滅びますが、それでも、そこに滅びない「なにか」の存在を、魚座は象徴する星座です。

それは悲しみであり、痛みであり、涙であり、辛い記憶であり、喜びであり、共感であり、深い愛情と、つながりです。

これらはすべて、同じものでできています。

悲しみと喜びは本来、同じ原料でできているのです。

魚座の「魚」を生かす「水」は、その原料です。

終わる場所とはじまる場所は、同じ場所です。

この水は、死の象徴でもあり、すべてが生まれ出でてくる生命の象徴でもあります。

魚座は、海を象徴します。

海は、すべての生き物が帰る場所であり、すべての生き物が生まれる場所でもあります。

そこでは、善悪も、上下も、美醜もありません。

これが魚座の象徴する世界です。

スケッチ

2月20日～3月20日に生まれた方は、魚座に太陽を持っています。いわゆる魚座生まれです。境目の日付は年によってずれます。

感情ゆたかで涙もろく、優柔不断でお人好し。たいていの占いの本で、魚座はそんな描写がされています。

ですが、私が出会った魚座の人たちは、そんなイメージとは少し違っていました。

私の経験では、魚座の方々は、皆さん独自の価値観を明快に持っていて、自分を疑いなくそれに沿わせているように見えました。つまり、意見はハッキリしているのです。ただ、他人の価値観を否定することがないのです。他者と自分の違いを受け入れるばかりか、その「差」をほとんど意識せず、自分と他人を「本質的には同じもの」として扱う人が多いようです。

恐怖心や「傷つけられるかもしれない」という不安感が強くなると、魚座は鉄壁の「拒否」を示します。

魚座の人は、世俗的な善悪の感覚や、上から押しつけられるような倫理にはしたがわない自由さを持っています。

自分が心を揺さぶられ、感動したときだけ、心からその価値観に「帰依」します。

芸術や文学に造詣が深い、といわれますが、魚座は抽象的なことを理解する能力に長けています。難解な数学や高度な抽象理論も、すうっと理解できる不思議な力を持った人も少なくありません。


他人の感情を自分のもののように感じたり、自分の感情を他人も感じてくれて当然だと考えたりすることもあるようです。

ときに、自分が望むようなものでない態度や意見を他人から表明されると、それをいとも簡単に無視したり、まったく別の解釈にすり替えたりすることもあります。

好悪や恋情は、魚座の人にとってはまったくあてにならない波のようです。

ですがひとたび、相手の渇望や欠乏、傷や悲しみに触れると、そこに、決してほどけない糸が結ばれます。

魚座の愛は、相手の傷や喪失感と、深いところで結びついています。

その部分に結び目ができると、魚座は、たとえ意識の上で「動きたい」と思っても、どんなに不利な状況でも、そこから動けなくなってしまうのです。

だれがどう見ても「良くない相手」に惹かれてやまない魚座の人が、しばしばいます。イイカゲンで信用できない異性を深く愛して、それに振り回されてしまうことがあるのです。これは、そうしたしくみに端を発しています。

魚座の人は、ある感情や考えを持つと、そこにまったく迷いなくしたがい、行動します。ひとたびその感情や考えが覆されるようなできごとにあうと、強い衝撃を受けながらも、じつに見事に「ころっ」と転身します。

透明な水は、どんな色水にも自在に染まります。

でも、魚座の水は、その気になればいつでも、もとの透明な水にもどれる、と確信しているのです。

普通なら、悲しみから身を守るために涙をこらえたり、恋に傷つくことを恐れて、自分の立場が悪くなると自分から相手を遠ざけたりします。

でも、魚座はそういうことをしないのです。

悲しみにも、苦しみにも、おかしいほど無防備に自分を投げ出してもだえ苦しみます。

そして、しばらくすると、彼らは無傷で立ち上がります。

彼らは、自分が本質的に、大いなる水の存在であることを知っているのです。

水は感情です。悲しみ、悩み、苦しみ、痛みを感じますが、水を本質的に「傷つける」ことは不可能です。水の中にいくら刃物をうちこんでも、水は波立つだけで、少し経てばまたもとの、まったき水にもどります。

魚座は、自他の苦しみや悲しみを引き受けることができる星座です。

それは人間としてもっとも偉大なことであり、生まれ変わるために、成長を遂げるために、なくてはならない営為です。


そういう傾向を持っているため、魚座の人はしばしば、非常にスケールの大きい生き方をします。同じ失敗を懲りずに何度も繰り返す「甘い」人もなかにはありますが、成長した状態の魚座は、人が恐れたり守りに入ったりして「とてもできない」と身を引くようなことを、平気な顔でやり遂げます。

これは、火の星座の果敢さとは、少し違っています。

彼らはチャレンジを認識し、それに立ち向かいます。

でも、魚座は、あるチャレンジングなことに向き合ったとき、他の人とはまったく違う角度から、そのテーマを見ています。

ですから、他の人にはわからない「可能性」や「方法」を、独自に見いだすことができるのです。

前述した「三次元から見た二次元」の状態になっているとき、魚座は、他の人にはとてもできないような大きなことを、やすやすとやり遂げてしまうのです。

人は悲しいときにも嬉しいときにも、涙を流します。

良いことと悪いこと、嬉しいことと嫌なことは、他の星座にとっては明快に区別されています。

でも、魚座の世界では、そうではありません。

だれかの悲しみを引き受けたときに自分のなかに生まれる大きな喜び。

だれかの喜びを見るときに、その敵が感じる痛み。

マリッジブルーやマタニティブルーなど、喜びと悲しみが紙一重の距離にあることを多くの人が経験しています。

愛情は、相手の強さや美しさにではなく、相手の弱さや孤独に対してだけ、力を持ちます。だれかがだれかを必要とするとき、その人はなにかに飢えています。

魚座は、人と人とが結びつくときに、決定的に必要な力を扱う星座です。

魚座の人は時に無軌道で、曖昧で、ウソつきであることもあります。

簡単に人を裏切る人も、なかにはいます。

でも彼らは、他の人には理解できないある「価値観」に貫かれています。

ですから、魚座の人と付き合う場合は、その「価値観」を探さなければなりません。

一見してわかるやわらかさや優しさのむこうがわにある、だれにも揺るがしようのない一本のスジを発見しなくては、彼らと本当に関わることは不可能です。

船乗りにとって古来、海は「心に任せぬもの」です。

海の天気は変わりやすく、いつ船乗りたちの命を奪いに来るかわかりません。

でも、海の上がいくら嵐に揉まれても、その深い深い底までゆくと、海はこゆるぎもしません。

「海全体」は長い時間のなかでまったく変わらずにそこにあります。

魚座の心は、そんなふうにできているのです。

メッセージ

今、どんなことで頭がいっぱいでしょうか。

世間体でしょうか、常識でしょうか、世の中の価値観でしょうか。

みんなが「これが幸せよ」と言ったら、貴方はそれで幸せになれるでしょうか。

貴方は本来、自分だけにしかわからない絶対的な価値観のなかで呼吸をしている人です。

他の12星座はすべて、空気中で呼吸をしています。

貴方だけがえら呼吸です。

水瓶や天秤も、海に沈めれば錆び付いてしまいますが、貴方だけは海の塩もへっちゃらです。

他の生き物が窒息してしまうような場所でしか、貴方は生きられない存在です。

他の生き物が恐れたり憧れたりする場所が、貴方の住処です。


水の星座は、「感情」を扱います。

ですが、蠍座や蟹座は自分自身である水をまだ、恐れて、甲羅の中に隠し通そうとします。その点貴方はどうでしょう。

水のほうに自らを飛び込ませてしまっています。自由に水の中を泳いでいるのです。

他の人にとっては怖いものが、貴方には恐怖の対象にはなりません。


貴方は素直でピュアな、透明な水のような心を持っています。

その心は、世俗と自分の価値観をも、へだてなく同じように受け止めてしまいます。

ですからしばしば、貴方は、「みんなが言うような幸福を手に入れなければ、自分は不幸になってしまうのではないだろうか」と考えます。

みんなの言うようにしなければならないのではないか、と思ってしまいます。

あるいは、「だれかがなんとかしてくれるのではないか」とさえ、感じることがあります。

でもそれは、すべて、正しくありません。

貴方は自分で自分の道を決定することができます。自分で自分の道を決定するしかないのです。なぜなら、貴方のような価値観を持っている人は他にいないからです。

人は、自分の価値観を実現するのでなければ、幸福にはなれません。


貴方には、他の星座にはまったくマネできない、ある特別な力が備わっています。

貴方の眼差しは、他の星座が大事にするようなものには、まったく価値を見いださないのです。

世間体や常識や世の中の価値観は、みんな、「世間」のために作られています。

でも貴方が見つめているのは、そんな「世間」から人間が離脱したときに本当に信用できる、墓の中までもってゆけるような唯一無二の「価値」です。

貴方が世間の常識と照らし合わせてみて、少し不思議なものを選んでしまいやすいのは、星占いの世界では、なんの不思議もないことなのです。

12星座のつながり

12の星座は、全体としてひとつの円を為しています。
それぞれの内容が前後の星座と、鎖環のようにつながっています。
そのことを、前章までの「フェアリーテイル」に表してみました。

まず牡羊座で、「生命力そのもの」がブレイクスルーを起こします。「命」としてこの世界に、勢いよく飛び出してくるのです。

これが、牡牛座の段階で「身体」を得ます。五感を通して、世界と関わるようになります。生きることの基本となる喜びを味わい、それを学んでいきます。

次の双子座では、牡牛座までの「感覚」を土台に、言葉を通じて世界のなかから自分のアウトラインを探ります。他者と関わることで、自分が何者かを段々に認識していくことになるのです。新たな発見は外の世界にありますが、これはカルタ取りのような、トランプの神経衰弱のような作業です。すなわち、それが発見されるのは、その片割れが自分のなかにあるからです。

これらの段階を経て、蟹座で「自分の世界」イコール「居場所」ができあがります。馴染んだものとそうでないものの区別を通して、自分がたしかにこの世に存在し、住む世界を広げていくことができる、という確信を得るのです。

このあたたかい「居場所」から、獅子座の段階でまた、外に飛び出します。自分が独立した個人であるということを実感し、表現するためです。

「外」には未だ見知らぬ人々がいます。これが「他者」です。その人たちと密接に関わり、個人としての自分を育てていく段階が、乙女座の世界です。

乙女座の、いわば「世の中と接する修業」段階を終えると、今度は他者と対等に、独立して向き合う天秤座の世界に移ります。ここで、「他者」を客観的に理解することができるようになります。

天秤座の段階で結ばれた他者との「関係」を土台に、次の蠍座では不思議なことが起こります。これまで「他者」であった人との境界線が消えてしまうのです。

そこでは、命そのものを交換するような、濃密で強い接触が起こります。そしてそこに、個人と個人が結びついたところに発生する、外側からは理解し得ない、ひとつの完結した世界が生まれます。

この、蠍座の「個人と個人のあいだに生まれる完結した世界」から、ひゅんと勢いよく飛び出すのが射手座です。射手座では、外側に開かれた、多くの人々でにぎわう広い場所に旅をすることになります。

この旅で発見した宝物を携えて行き着く先が、山羊座の世界です。

山羊座は「お城」の段階です。多くの仲間が安心して暮らすための堅牢な場所を、時間をかけて作るのです。外界から内側を守り、内側を安定させるべく、実力をつけ、ルールを作ります。

そんな堅固な城から脱出するのが、水瓶座の段階です。

お城の中の、安全に管理された環境をふりきって、自由な個人としての生き方を追求し、その「個人としての生き方」を、対等な他者と、友人としてシェアしようとするのが水瓶座の世界です。

そして最後にたどり着くのが、魚座です。

魚座の世界ではもはや、自分と他人を区別する境界線は存在しません。水瓶座では「個人」としての限界にたどり着きます。そこを越えたところに、人と人をへだてる垣根をすべて取り払ったような、完全な交流が可能となる「場」が現れます。そんな世界を象徴するのが、12星座最後の星座、魚座です。


この魚座の、すべての人がへだたりなく存在できるようなイメージは、死の世界のイメージでもあります。様々な宗教で描かれる「天国」の意味するところと、魚座の持っている世界観とはよく重なります。

そこで、この死の世界から新たに、生命が飛び出してくることになります。

これが、牡羊座です。

進化のはじまりは、すべての物質がごった煮になったスープのような状態だったとされています。

そこから有機物が生まれ、単細胞生物が生まれ、やがて細胞同士が組織化して、幾多の種に進化していったといわれています。

魚座から牡羊座への飛躍は、この進化のイメージを想起させます。

牡羊座から蟹座までで、「個人」の土台となる体感と認識、世界観ができあがります。

そして、獅子座から蠍座までで、人が一対一で関わることの意味が完結します。

さらに、射手座から魚座までで、たくさんの人が住むこの世界で生きることを模索していくことになります。

牡羊座から乙女座までは、どちらかといえば「個人」の、インターナルなテーマを扱っています。プライベートな、「家の中にいる」というイメージがあります。

天秤座から魚座までは、「社会」です。他者の住む場所で、自分も「社会人」として扱われます。

これは、各星座の人が「そういう成長段階にとどまる」という意味ではありません。

一つひとつの星座が、その星座のしくみを外の世界に向けて、あるいは内側へ、どんどん成長させていくことができます。

前述の「発達」の過程は、単なる比喩です。

場を得ることと、そこから飛び出すことは、12星座に交互に繰り返されている基本的なダイナミズムです。

「飛び出す」星座は、火の星座と風の星座です。これらはすべて、「男性星座」といわれます。直線的で、活動的です。

「場を得る」星座は、地の星座と水の星座です。これらは「女性星座」といいならわされます。男性星座で飛び出していった力はかならず、その行き先を女性星座に求めることになります。つまり、交互に並んでいるのです。牡羊座は男性星座、牡牛座は女性星座です。その次の双子座は男性星座、そして次の蟹座は女性星座です。

男性星座の人が堂々と男性的で、女性星座の人がなよなよと女性的、と解釈する人もありますが、私はそういう意味ではないと思います。

たとえば、男性星座はスペシャリスト、女性星座はジェネラリストやマネージャー、というような位置づけができます。

男性星座は、「切る」力で、相対評価を象徴しますが、女性星座は「まとめる」力で、絶対評価を得意とします。

出る、入る、出る、入る。この「動き」が、12星座を先へ進ませるための、ポンプみたいな機能を果たしているようにも思えます。

星が星座から星座に移動するとき、風が変わったように感じられることがあります。それは、この「飛び出す」「場を得る」という、躍動感に満ちた配列が為されているから、なのではないかと思います。


この世界は、人々の分業によって全体が成立しています。人は、かならず偏りを持っています。その偏りによって、他者から必要とされることになります。すべてを備えた完璧な人間であるより、自分が自分として固有の偏りを持っているほうが、世界全体から見れば、むしろバランスするのです。

12星座の円は、全体としてひとつのプロセスを構成します。どの段階も外すことはできません。そして、どの星座がどの星座より優れているとか、劣っているとかいう評価もありません。

欠点をなくしたい、長所を増やしたい、と願う人はたくさんいます。自分と他人を比較して優劣を確かめたがる人も少なくありません。

ですが、12星座という切り口から考えるとき、優劣や欠点といった見方は、消えてしまいます。そこにあるのは「しくみ」です。自分がなにを動力とし、どこに向かいたいのか、というその根元的な動機だけです。

優劣や善悪に関係のない、しくみとしての「偏り」に興味を持つとき、世界の見え方は自然に、変わってくるのではないでしょうか。


時間は螺旋状に進む、というイメージが古来、あります。

ひとつの方向に進んでいるけれども、そこには繰り返される輪が存在するのです。

ホロスコープは、三次元の螺旋に進む時間を、円の二次元平面に切り取った図、といえるかもしれません。

そこでは、ある「しくみ」が繰り返されているけれど、時間は確実にもうひとつの次元の方向に進み、人生は変化を続けるのです。

ホロスコープに描かれていないもうひとつの次元。

それが、自分の人生を自分で作るための「選択し、行動する力」なのかもしれません。

私はそんなふうに考えています。

新装版　あとがき

本書は２００７年、私が33歳のころに書いたものです。今から15年前の文章で、読みかえすと「こんなことを書いたっけ」と驚いたり、つたなさ、青くさい過剰さに赤面したり、とても平静ではいられません。ですが、そうした若々しいエネルギーや情熱が、多くの方に共感し、受け入れていただいた原因なのかな、とも思うのです。

ここで引き合いに出すなどおこがましいことこの上ないのですが、和辻哲郎の名著『古寺巡礼』には、ふたつのバージョンがあります。和辻が青春のころに巡った寺社の仏像の印象を綴った作を、本人が50代になって改めて手を入れ、出し直したのです。現在は両方のバージョンを読めるので、２冊を並べて読み比べたことがあります。若かりしころの『古寺巡礼』の過剰さ、熱量を和辻は「はずかしく」感じたそうですが、読み手としてはその若書きのエネルギーこそが胸に響き、得がたいものと感じられました。

このたび『12星座』の「新装版」を出していただくにあたり、私も、はずかしさのあまり手を入れたい思いは山々だったのですが、あえてそのまま出していただくほうがいい、と決めたのは、この『古寺巡礼』の読み比べの印象が大きかったように思います。

「星占いは12種類の性格占いで、誕生日による運勢占いである」と一般には受け取られています。

ですが本当の「星占い」は決して、人間をたった12種類に分類する道具などではありません。むしろ、ふだんの生活のなかで、私たちが人や物事への理解をできるかぎり単純化しようとする安易な態度に、NOを突きつけるようなシステムと言えます。

初版のあとがきに、私は「人はタイプ分けされることを望んでいるのではなく、その思いを理解されることを望んでいるのだと思う」と書きました。この一文を、本書を編んだ編集者の飛田さんは大変気に入ってくださり、今回のあとがきにもぜひ残してほしい、と要望されました。

あれから15年経った今の私としては、この考えに少し、付け加えたいことがあります。人は、もうひとつ別のことも望んでいると思うのです。すなわち、人は「タイプ分けされたい」のです。

星占いはもとより、血液型占いから、干支、動物占いなど、世の中にはとてもたくさんの「タイプ分け占い」があります。占い以外にも、まず男女の区別を語りたがる人は今もたくさんいますし（その内容にはたいした根拠がないことがほとんどです）、理系・文系・体育会系、イエベ・ブルベ（肌の色調を言うのだそうです）、都会人・田舎の人、関西人・関東人、「お金持ちはみんなこうしている」・「貧乏人はみんなこうする」など、世の中全体が「タイプ分け」であふれかえっていると言っても過言ではありません。

なぜこんなに「タイプ分け」は人気なのでしょうか。

それは「タイプ分け」が、人が自分と世界を結びつける手段だからではないでしょうか。「ここがあなたの居場所だよ」「あなたはこのグループに入っているよ」ということを確認できれば、それこそがこの世界の自分の位置であり、居場所であると感じられるのです。「みにくいアヒルの子」がアヒルの群れにはいられなかったように、私たちはこの世にひとりぼっちで生まれ落ちて、いつも孤独のなかで「自分の群れは、仲間はどこにいるのだろう」とさまよい続けるような思いを抱いているように思えるのです。「あなたは獅子座ですよ」という「占い」は、アヒルの子が白鳥の群れに出会って「自分はアヒルではなかった！　白鳥だったのだ！」と感じるのと、よく似た感動を喚起するのです。

「タイプ分け」がくれるもの、それは「世界と自分のあいだに、何かしらつながりがある」という手応えです。この世界には自分のために用意された席がある、この世の中には自分が所属することになっている場がある、という感覚です。

たぶん、私たちはふたつの矛盾する思いを生きています。

ひとつは、みにくいアヒルの子のように、「自分の所属する群れ、自分と同じ仲間を探したい」という思いです。

そしてもうひとつは、「同じ白鳥であっても、完全に同じ個体はひとつもない。自分は自分であり、だれとも違う存在なのだ」という思いです。「人はタイプ分けされたいのではなく、思いを理解されたいのだ」という考えは、後者です。私たちはタイプ分け『も』されたいのだ、と、今の私は感じています。


星占いは、そんな矛盾する願いの両方を叶えてくれる、思えば不思議な道具です。もちろん、そこには（少なくとも今のところ）なんの科学的根拠もありません。人間の頭はごく象徴的にできているので、物事をなんでもすぐに結びつけてしまいます。「私は雨女だ」とか「自分が見ると、サッカーの試合はかならず負ける」とか、そんな怪しい感受性の延長線上に、おそらく星占いも存在しています。その意味において、占いは、平たく言えば「インチキ」です。

でも、人間はたぶん、正しさ、理性、道徳「だけ」では、生きていけないのです。たとえば多くの親が「存在しない」と思いながら子どもにサンタクロースの存在を信じ込ませようとするように、妖精が踊り動物が言葉を話す絵本を熱心に読み聞かせるように、あくまでゆたかな矛盾を生きるのが、人間なのだと思うのです。

星占いは昔も今も、人間のそうした矛盾、そうした夢に寄り添い、きらめき続けています。

本書にもおそらく、たくさんの矛盾、無根拠の断定が含まれています。理性的・倫理的に考えれば、あってはならぬ書物なのかもしれません。

それでもなお、本書を受け容れてくださったたくさんの読者の皆様の「夢」に、畏敬の念を抱かずにはいられません。

夢見る力と希望とは、たぶん、同じところにあるのだと思います。本書がこれからも、手に取ってくださった方の夢と希望に「共鳴」するものであれば、と祈っています。

最後に、オリジナル版に引き続き、新装版として本書に新しい命を吹きこんでくださった、すみれ書房飛田さん、しまりすデザインセンター石松あやさんに、深くお礼を申し上げます。本当にありがとうございました！

2022年12月6日　牡牛座の満月近い月の下で

［参考文献］

『占星学実践講座（世界占星学選集／第4巻）』訪星珠著／魔女の家BOOKS
『真実の占星学（世界占星学選集／第11巻）』橋本航征著／魔女の家BOOKS
『アメリカ占星学教科書第1巻』M・D・マーチ＆J・マクエバーズ著／魔女の家BOOKS
『最新占星術入門』松村潔著／学研プラス
『占星学』ルル・ラブア著／実業之日本社
『人は役者、世界は舞台』山崎正和／集英社

［本書で使った用紙］
本文：オペラクリアマックス
カバー：アラベールFS ホワイト
帯：タッセルGA プラチナホワイト
表紙：ユトリログロスマット
見返し：タントs-4
別丁扉：OKプリンス上質

石井ゆかり（いしいゆかり）

ライター。星占いの記事やエッセイなどを執筆。情緒のある文体と独自の解釈により従来の「占い本」の常識を覆す作品を連発。120万部を超えた「12星座シリーズ」のほか、多くのベストセラー&ロングセラー本の実績がある。『月で読む あしたの星占い』「3年の星占い 2021―2023」（すみれ書房）、『星占い的思考』（講談社）、『星をさがす』（WAVE出版）、『禅語』『青い鳥の本』（パイインターナショナル）、『新装版 月のとびら』（CCCメディアハウス）、『星ダイアリー』（幻冬舎コミックス）ほか著書多数。

LINEや公式サイトで毎日・毎週・毎年の占いを無料配信しているほか、インスタグラム（@ishiiyukari_inst）にて「お誕生日のプチ占い」を不定期掲載。

公式サイト「石井ゆかりの星読み」https://star.cocoloni.jp/

装丁 …………… 石松あや（しまりすデザインセンター）
絵 ………………… 史緒
DTP ………… つむらともこ
校正 ………… 鷗来堂

新装版
12星座

2023年3月1日　第1版第1刷発行

著　者
石井ゆかり
発行者
樋口裕二
発行所
すみれ書房株式会社
〒151-0071　東京都渋谷区本町6-9-15
https://sumire-shobo.com/
info@sumire-shobo.com〔お問い合わせ〕
印刷・製本
中央精版印刷株式会社

ISBN978-4-909957-27-6　Printed in Japan
NDC590　375ｐ　19㎝